LLYFRAU ERAILL YNG NGHYFRES Y CEWRI

CYFRES Y CEWRI 19

Jonsi

Eifion Pennant Jones

Gwasg
Gwynedd

Argraffiad Cyntaf — Tachwedd 1998

© Eifion Pennant Jones 1998

ISBN 0 86074 154 0

*Cyhoeddwyd ac Argraffwyd
gan Wasg Gwynedd, Caernarfon*

ER COF AM
MAM A 'NHAD

Cynnwys

Blynyddoedd cynnar yn llwch y llechi

Rydwi wedi gorfod symud tŷ yn amlach nag yr ydwi wedi newid fy enw. Pedwar enw sydd wedi bod gen i hyd yma ond rydwi wedi byw mewn chwech o lefydd er pan ges i fy ngeni yn nechrau'r pum degau. Doedd gen i ddim dewis efo'u hanner nhw achos 'mod i'n dilyn fy nheulu. Fy ngwaith fu'r rheswm am y symudiadau eraill. Rydwi'n byw yn Sir Fôn erbyn hyn. Dyma'r lle agosaf imi fyw i'm hen gartref ers imi adael yr ardal bron i ugain mlynedd yn ôl. Un o hogia Penrhosgarnedd, Bangor, oeddwn i yr adeg hynny. Ond wedi bod yn byw yng Nghaerdydd a Wrecsam am flynyddoedd dyma fi'n ôl o fewn deng milltir i'r lle ces i 'magu am bum mlynedd cyntaf fy oes.

Mae 'na lawer yn meddwl mai *Bangor lad* ydwi: maen nhw'n hollol anghywir. Un o fois y llechi ydwi mewn gwirionedd. A llechi dwy ardal hefyd. Yn Nhregarth, Bethesda yr oedd fy nhad a'm mam yn byw pan ges i fy ngeni. Un o hogia pen draw'r byd oedd Dad, o Dinas, Llŷn. Mab fferm Felin Eithin, ger Coleg Madryn, oedd Robert Griffith Jones, R.G. i rai, Bob i amryw a Robin i'r gweddill. Roedd o'n un o wyth o blant a phan gafodd ei eni yn 1922 fo oedd y chweched o'r criw. Pan aeth i ysgol Dinas roedd ganddo ddwy filltir i gerdded i'r ysgol. Ond wedi mynd i'r ysgol fawr ym Motwnnog roedd hi'n saith milltir un ffordd ar gefn beic. Fe aeth i Goleg Madryn wedyn ac fe wnaeth yn ddigon da yno i gael mynd i Aberystwyth i astudio amaethyddiaeth. Nid ei bod wedi digwydd mor rhwydd â hynny chwaith. Cyn mynd i Aberystwyth fe fu'n rhaid iddo fynd i'r RAF ac i'r rhyfel. I Burma bell yr aeth o a chael amser uffernol. Serch hynny fe ddaeth adref yn saff a llwyddo i ddechrau ar ei radd yn Aberystwyth. Mynd i weithio i'r Weinyddiaeth Amaeth ym Mangor wnaeth o wedyn gan fynd o gwmpas ffermydd Sir Gaernarfon a Sir Fôn yn cadw golwg ar y llefrith a chynghori ffermwyr.

Nyrs oedd Mam yn Ysbyty Eryri, Caernarfon ond yn ferch Allt Ddu, Dinorwig, y pentre bach o'r un enw â'r chwarel pan oedd honno'n mynd ffwl pelt. Ar nos Sadwrn yng Nghaernarfon yr oedd y ddau wedi cyfarfod mae'n debyg ond does gen i ddim cof ohonyn nhw'n sôn dim am hynny. Fe fu Mam farw pan oeddwn i'n bymtheg oed a doedd hogia ysgol ddim yn gofyn pethau personol am garu a phriodi i'w mamau. Doedd o ddim yn gwestiwn y byddwn i'n ei ofyn i 'Nhad chwaith.

Wedi i'r ddau briodi fe aethon nhw i fyw i Derlwyn, Tregarth, heb fod ymhell o Eglwys y Gelli. Fi oedd eu mab cyntaf, a anwyd yn Ysbyty Dewi Sant, Bangor ar Ebrill 17, 1952. Doedd fy ngalw yn Eifion Jones ddim yn ddigon. Roedd yn rhaid cael yr enw Pennant yn rhywle. Mae'r stori y tu ôl i'r enw canol yn ddifyrrach na llawer stori arall am fy mlynyddoedd cynnar. Mae'n gysylltiedig â fy nain, o Eifionydd yn wreiddiol. Wedi iddi golli ei thad yn fabi fe gafodd Nellie Jones ei mabwysiadu gan ei modryb a'i hewyrth, y Capten R. J. Owen a'i wraig oedd yn byw yng Nghaernarfon. Roedd o yn gapten ar y Pennant, stemar oedd yn perthyn i stad y Penrhyn ac yn arfer cario llechi Bethesda i'r cyfandir. Fe gafodd ei henwi'n Pennant am mai dyna oedd enw teuluol Arglwydd Penrhyn. Ar brydiau fe fyddai capteiniaid yn mynd â'u teuluoedd efo nhw ac yn 1925 aeth y Capten Owen â'i wraig a'i ferch ar un o'i fordeithiau i Ffrainc. Roedd ganddo ddigon o brofiad achos roedd o wedi bod yn gapten ar y Pennant am 30 mlynedd. Pan oedd yn hwylio o Lundain ar y pedwerydd o Fedi fe gawson nhw ddamwain. Am bedwar o'r gloch y bore a hithau heb wawrio fe drawodd y Pennant yn erbyn tancer olew o'r enw Acasta yn Afon Tafwys heb fod ymhell iawn o bier Gravesend. Ar ei ffordd o Trinidad yr oedd y tancer a chriw o bobol 'felyn', fel roedd yr adroddiadau'n sôn, yn gofalu amdani. Fe wnaed difrod mawr i'r stemar am ei bod yn llawer llai na'r tancer ac roedd dŵr yn llifo i mewn iddi'n sydyn iawn. Wrth i'r Pennant suddo'n gyflym llwyddodd amryw ohonyn nhw i neidio i'r dŵr gan gynnwys fy nain oedd yn ferch bymtheg oed. Fe daflwyd rhaffau o'r Acasta i'w tynnu i ddiogelwch er bod y criw o Tsieineaid oedd arni yn ddisymud iawn yn ôl pob adroddiad. Roedden nhw'n syllu ar y dŵr a'u dwylo yn eu pocedi, meddai un o'r morwyr.

Ar fwrdd y Pennant roedd pethau'n wahanol. Roedd Catherine Owen wedi ei dal yn y *wheelhouse* ac er i'r Capten geisio'i orau i achub ei wraig roedd y dŵr yn drech na fo a boddwyd y ddau. Roedd y stemar o'r golwg mewn llai na deng munud yn ôl adroddiadau'r papurau newydd ar y pryd. Fe gafodd pawb arall — 14 i gyd — eu hachub pan ddaeth tynfad i'w cynorthwyo a mynd â nhw at y pier yn Gravesend. Yng ngwesty'r Three Daws fe gawson nhw gynhesrwydd a dillad sych cyn cael eu hanfon am adref.

Er bod y capten a'i wraig wedi byw yn Creigfryn Terrace ger Porth Penrhyn ym Mangor, ac yng Nghaernarfon, yn Llanarmon ger Chwilog y cafodd y

11

ddau eu claddu, y capten yn 70 oed a'i wraig yn 64, gan adael eu merch yn amddifad.

Canlyniad y stori drist oedd fod Nain wedi dod yn ôl i Gaernarfon ac ymhen rhai blynyddoedd wedyn cyfarfod fy nhaid o Ddinorwig. Pan anwyd fy mam, Eileen, fe gafodd yr enw canol Pennant i gofio'r trychineb a chadw'r stori'n fyw. Doedd hi byth yn mynd i anghofio digwyddiad o'r fath ei hun ond fe fyddai'r hanes yn darfod oni bai ei bod yn ei nodi rywsut. Roedd Mam yn awyddus i gario'r enw ymlaen i gofio am ei mam hi a dyna pam mae Pennant yn fy enw i, fy mrawd a'm chwaer. Mae o yn enw plant fy mrawd a'm chwaer hefyd a gobeithio y bydd yn enw canol ar eu plant hwythau. Pennant yw enw'r tŷ o hyd yn Pretoria Terrace, Caernarfon, lle cafodd fy nain ei magu: tŷ yn edrych ar Y Fenai ac ym mhen y rhes yn ochr y maes parcio y tu ôl i Kwiks.

Doedd byw yn ardal Bethesda ddim yn chwithig i deulu Mam achos roedd ei hen nain ar ochr ei thad yn un o'r cylch. Roedd perthynas iddi yn amlwg adeg streic fawr y Penrhyn. Wedi bod yng ngharchar roedd ganddo ormod o gywilydd i ddod yn ôl i Fethesda ac aeth â'i deulu i America. Dechreuodd William Hughes, Cae Star weithio mewn chwarel yn nhalaith Efrog Newydd ac ymhen ychydig fe wnaeth ddrwg mawr i Chwarel y Penrhyn. Roedd yn denu chwarelwyr drosodd o Fethesda. Mae un o'i berthnasau, Kylie Hughes, yn newyddiadurwr amlwg yn America erbyn hyn.

Ychydig iawn ydwi'n ei gofio am fy mlynyddoedd cynnar yn Nhregarth. Mae rhai pethau yn dal yn y cof. Roedd gynnon ni geiliog un goes yno a chwt ieir yng nghongl yr ardd. Rydwi'n cofio bod gen i feic tair olwyn yn mynd o gwmpas y garej yn y cefn. Roedd dau frawd

Mam yn byw efo ni yn Derlwyn — John Arfon a Derec (Williams). Roedd eu mam wedi marw yn wraig ifanc a fy mam i fu'n cadw tŷ i'r ddau yn Ninorwig nes iddi briodi. Dyna pam y daethon nhw i Derlwyn. Daeth y ddau ewyrth yn rhan bwysig o flynyddoedd cynnar y teulu. Rydwi'n eu gweld nhw rŵan yn y rŵm ffrynt — 'rŵm ffrynt' oedd gan bobol yr adeg hynny i wylio teledu a dim ond un set ddu a gwyn yn fan'no yn cael parch mawr. Sioeau tebyg i'r *Perry Como Show* oedd ar y BBC a chaneuon fel *Catch a falling star*. Mae'n amlwg nad oedd y canu'n apelio rhyw lawer ata i achos yr unig gof sydd gen i ydi fod John Arfon a Derec yn fy mherswadio i fynd allan i chwarae er mwyn iddyn nhw gael llonydd i weld Perry Como.

Mae Derec yn f'atgoffa fod fy nhad wedi chwalu'r wal oedd o gwmpas yr ardd yn Derlwyn. Roedd hi'n rhy flêr ganddo. Fe'i cododd hi'n ôl yn wal bridd a cherrig a phawb yn dotio ati a dweud bod y lle wedi gwella'i olwg yn arw iawn. Yno y mae hi o hyd dwi'n credu. Ond wnaethon ni ddim aros yn hir i werthfawrogi'r wal na bywyd hamddenol pentref Tregarth. Pan oeddwn i'n bump oed daeth yr awydd dros Mam i symud yn ôl i'w hen ardal yn Ninorwig. Dyma lle cafodd hi ei magu efo'i nain — mam ei thad — cyn symud yn ôl i'w chartref at ei brodyr yn Allt Ddu. Er ei bod wedi ei magu yno mewn cyfnod tlawd, yn ôl i Ddinorwig yr oedd hi am fynd. Roedd ei mam wedi marw yn 39 oed pan oedd hi'n 17 oed ac mae Derec yn cofio fy nain yn wael a Taid am alw'r doctor ati. Bryd hynny roedd rhaid talu am ddoctor. 'Na, Johnny,' medda hi, 'fedrwn ni ddim fforddio'i alw. Dwi isio prynu sgidia i'r hogia 'ma yr wythnos yma.'

Wedi cael tŷ ar rent yr oedden ni yn Ninorwig. Hen

dŷ'r gweinidog Methodistaidd oedd Bron Myfyr heb fod ymhell o'r capel. Teulu y Parch. Bryn Williams, tad Bethan Bryn y delynores o Aberystwyth, oedd y rhai diwethaf i fyw yno. Ymhell cyn hynny roedd yn gartref i Puleston Jones. Hogia cwmni John Owen o Fangor oedd yn ein symud ac roedd Dinorwig ym mhen draw'r byd o'i gymharu â Thregarth. Ar yr allt am Ddinorwig roedd tipyn o eira a dyma'r lori'n dechrau troi dani a'r ddau oedd ynddi yn gweiddi a rhegi am eu bod yn methu mynd yn eu blaenau. Rhywsut neu'i gilydd fe gyrhaeddon ni Bron Myfyr ac o'r diwrnod cyntaf hwnnw — er gwaetha'r eira a'r tywydd oer drybeilig — roeddwn i'n teimlo'n hapus iawn yno. Rydwi'n dweud hynny am fy mod i'n cofio mwy o fy mhlentyndod yn Ninorwig nag yn ardal Bethesda ac mae'r atgofion yn rhai digon melys.

Roedd Chwarel Dinorwig yn dal yn ei bri pan oeddwn i'n hogyn. Dwi'n gweld y bysus rŵan yn mynd â'r dynion o'u gwaith. Bws yr hogia lleol oedd yr un olaf fel rheol. Roedd y dynion yn dod ohoni yn llwch i gyd a'r rheiny yn dadau i rai o'm ffrindiau i. Ar wahân i 'Nhad a Mr Williams y prifathro, ac un neu ddau arall, chwarelwyr oedd dynion yr ardal i gyd. Hen chwarelwr oedd fy nhaid, John Daniel Williams, Taid Ty'n Fawnog. Roedd o wedi ymddeol pan ydwi'n ei gofio gyntaf ond daliai i fod yn gynghorydd. Fe fu ar y cyngor plwyf ac ar Gyngor Gwyrfai fel roedd o cyn dyddiau'r Wynedd newydd yn 1974. Treuliodd bum mlynedd ar hugain yn cynrychioli ei ardal ar y cyngor hwnnw. Roedd o'n dipyn o foi, Taid, a digon o gythraul ynddo fo. Wedi bod yn y chwarel am ei oes roedd y llwch arno fo. Wrth fynd o flaen y *board* i weld beth oedd ei hanes roedden nhw'n dadlau nad oedd y llwch yn ddigon drwg. Doedd o ddim yn hapus o gwbwl a mynnodd fynd yn ôl. Ac yn ei ôl 33 o weithiau yr aeth yr hen foi a methu cael yr ateb iawn yn y diwedd. Roedd o wedi dweud ei fod am gael ei agor wedi iddo farw i weld pwy oedd yn iawn. Pan wnaethon nhw hynny roedd o'n llawn o lwch, y creadur. Y fo oedd yn gwybod orau.

Cyn y Nadolig yr ydwi'n cofio Taid fwyaf. Roedd yn magu tyrcwn ac roedd arno angen help i'w pluo nhw. I'n tŷ ni y byddai'n dod i wneud hynny ac roedd yn gas gen i'r cyfnod hwnnw. Fe fyddai fy nhad yn eu hongian yn y cwt yn y cefn a dechrau pluo. Roedd y plu yn mynd i bob man a minnau'n cosi i gyd am fod 'na ryw chwain neu bryfetach yn dod ohonyn nhw. Ond doedd fy nhad a 'nhaid ddim yn poeni dim am bethau felly a doeddwn i ddim yn cael fawr o gydymdeimlad. Un peth ddweda i: roedd y profiad o fwyta un o dyrcwn Taid ar ddiwrnod Nadolig yn llawer gwell na gorfod wynebu'r diwrnod pluo! Ar wahân i gael twrci ganddo bob Nadolig byddai'n prynu llyfr *Football Champions* i mi. Roedd o'n costio pum swllt.

I Ysgol Gynradd Dinorwig yr es i. Doeddwn i ddim digon hen i fynd i'r ysgol cyn symud o Dregarth. Yn bump oed, yn uchel iawn yn y mynyddoedd, y ces i'r blas cyntaf o'r byd addysg. Roedd pawb yn yr ysgol yn siarad Cymraeg ac yn Gymraeg yr oedd y gwersi ar wahân i'r wers Saesneg. Mae gen i gof o eistedd yn y dosbarth a chlywed hwter y chwarel yn canu ganol pnawn. Rhywun wedi brifo oedd hynny yn ei olygu. Dwi'n cofio dychryn wrth feddwl beth oedd wedi digwydd y diwrnod hwnnw ac ambiwlans y chwarel yn mynd yn sŵn i gyd am Ysbyty'r C&A ym Mangor. Teimlo ar y pryd mor lwcus oeddwn i fod fy nhad yn gweithio yn rhywle heblaw'r chwarel. Roedd mynd o gwmpas i destio llefrith yn llawer saffach na bod o gwmpas y creigiau. Flynyddoedd wedyn y sylweddolais mor galed oedd hi ar rai teuluoedd mawr yn yr ardal. I mi roedd bywyd yn gymharol esmwyth a 'Nhad efo 'job dda' fel y bydden nhw'n dweud. O'i gymharu â rhai swyddi eraill yn y cylch roedd hi'n job dda am fod ganddo gar, gwyliau a thâl amdanyn nhw, a phensiwn ar ei diwedd hi.

Yn yr ysgol y clywais i gyntaf am draffordd, er dwi'n siŵr mai *motorway* y galwodd Mr Owen Williams, y prifathro, hi. Sôn yr oedd o am fynd ar ei wyliau haf i ganolbarth Lloegr yn ei gar Ford Popular du a'i fod o wedi gweld rhyfeddodau.

'Fasach chi ddim yn coelio'r ffordd fawr newydd welis i o'r Midlands i Lundain,' medda fo. 'Wrth sefyll ar bont roeddwn i'n medru gweld dwy ffordd yn mynd odana i a thair lôn ar bob un — tair yn mynd am y gogledd a thair am y de.'

Dwi'n cofio gwrando arno'n gegagored yn dweud yr hanes. Hon oedd yr M1. Dyna'r tro cyntaf imi glywed am y fath ffordd. Fy M1 i oedd honno rhwng Dinorwig a Deiniolen, achos Llanbabs, fel roedden ni'n galw'r lle, oedd canolbwynt y bydysawd i hogyn chwech oed. I Ddeiniolen y byddai Mam yn mynd i wneud neges. Yn y Co-op y byddai hi'n siopio a bob tro yn gweiddi *five nine hundred*. Dwi'n dal i gofio'r rhif am ryw reswm. Hwn oedd rhif 'y difi', y difidend oedd i'w gael wrth brynu yn y Co-op. Ond gan fod Deiniolen a Dinorwig ymhell oddi wrth ei gilydd yn yr oes honno roedd dwy fan o Ddeiniolen yn dod o gwmpas yr ardal. Fan Ben Fish oedd un, Commer uchel las a drws yn agor yn y cefn i ddangos cownter bach a phob dim oedd ganddo ar werth. Da-da oedd yn bwysig i ni'r plant ond ei werth i'r rhai hŷn oedd fod ganddo wahanol fwydydd i'r tŷ. Y fan arall oedd yn dod yn rheolaidd oedd fan James yn gwerthu ffrwythau. Doedd pobol ddim yn gwerthu pob dim ar draws ei gilydd yr adeg honno.

Un cerbyd arall yr oedd disgwyl mawr amdano oedd y fan lefrith. Roedd yr hogia yn mynd i lawr i gyfarfod honno cyn iddi gyrraedd Dinorwig. Am ein bod ni'n fodlon helpu'r dyn llefrith roedd o'n gadael inni sefyll yn y fan agored fawr oedd ganddo. Wrth reswm, doedd hynny ddim yn ddigon cyffrous inni. Fe fydden ni'n gafael yn ochr y to a hongian y tu allan i'r fan. Wrth iddo fynd rownd corneli roedd hi'n fwy o hwyl: roedden ni'n cael swingio mwy! Daeth fy nhad i glywed am ein campau ni ac fe aeth yn wallgo ein bod yn peryglu ein bywydau wrth wneud peth mor wirion a bu'n rhaid rhoi stop arni am sbel.

Doedd fy nhad ddim yn ddyn cas wrth natur. Roedd o'n ddyn caredig iawn ac roeddwn i'n falch dros ben ei fod wedi penderfynu prynu erial ITV pan ddaeth hynny'n bosibl. Derbyniad gwael oedd i'w gael ar y BBC yn Ninorwig a mwy o eira ar y set na phan oedden ni'n byw yn Nhregarth. Er mwyn rhoi cynnig ar gael gwell llun ar ITV fe aeth â'r erial i ben coeden wrth ymyl y tŷ. Roedd hi fymryn yn uwch na'r corn mae'n siŵr gen i ac yn debycach o fod yn gaffaeliad i'r llun. Ond dal i fwrw eira roedd hi. Yn waeth na hynny roedd rhyw gysgodion ar bawb. Fe gafodd lawer o hwyl flynyddoedd wedyn yn sôn am *Sunday Night at the London Palladium* a rhyw bum cysgod wrth gwt Bruce Forsyth!

Un Nadolig fe dorrodd y set fel roedd y siopau wedi cau i ddathlu'r ŵyl. Rydwi'n cofio fy nhad yn mynd i lawr i Lanberis a chnocio drws tŷ y dyn i'w thrwsio. Chwarae teg iddo, daeth i fyny i Ddinorwig inni gael y llun yn ôl ar gyfer y rhaglenni Nadolig.

Y *Cup Final* gyntaf i mi ei gweld ar y telibocs du a gwyn oedd Luton Town yn erbyn Nottingham Forest yn 1959. Byth ers hynny mae gen i wendid am Nottingham Forest a fo ydi'r tîm dwi'n ei gefnogi. Pan ddaeth Brian Clough atyn nhw ymhen blynyddoedd wedyn roeddwn i'n hoffi'r ffordd roedden nhw'n chwarae. Dim ond rhyw bedair gwaith dwi wedi bod yn eu gweld yn y City Ground ond bob tro maen nhw ar y teledu mi fydda i'n gwneud yn siŵr fy mod i'n eu gweld.

Gan mai ychydig o setiau oedd o gwmpas Dinorwig, i'n tŷ ni y byddai'r plant yn heidio i weld rhaglenni fel y *Lone Ranger*. Ychydig iawn oedd yn malio nad oedd y llun ohono fo na Silver a'r hen Tonto ar eu cliriaf. Bob tro roedd rhaglen gowboi fel *Laramie* i'w gweld fe fyddai hogia a genod o'r ysgol yn llenwi'r ystafell: rhai fel Glyn Tomos (y cylchgrawn *Sgrech* wedyn), ei frawd Idris, sy'n ficer yn Llanaelhaearn, a'u chwaer Margaret; Olwen Mai; Tomi Bach a'i frawd Gwilym; Gareth Davies (mi fydda i'n gweld Gareth weithiau); a phlant teuluoedd Phillips a Perkins. Fyddai llun mor wael byth yn denu cymaint o blant heddiw!

Erbyn hyn roedden ni yn dri o blant ym Mron Myfyr. Elen fy chwaer, sydd dair blynedd yn iau, a Melfyn Pennant a gafodd ei eni yn 1957. Roeddwn i'n ddigon hen pan anwyd Mel i ddechrau busnesu efo'i enw. Doedd byw na marw na fyddai Mam a Dad yn ei alw'n John, ar ôl John Charles. Dyma'r chwaraewr pêl-droed yr oeddwn yn ei addoli'n blentyn. Ches i mo fy nymuniad, serch hynny. Ond mae'n amlwg ein bod ni wedi dod i ryw fath o ddealltwriaeth achos fe gafodd ei alw'n Mel ar ôl brawd John Charles! Dwi ddim yn credu ei fod o'i hun yn gwybod hynny!

Nid y ni fel teulu oedd yr unig rai i fyw yn y tŷ. Fe ddaeth John Arfon a Derec, brodyr Mam, i fyw aton ni fel roedden nhw'n gwneud yn Nhregarth. A byddai Ann, un o'r ddwy ferch yr oedd Taid a'i ail wraig wedi eu mabwysiadu, yn ein gwarchod yn weddol aml. Bob dydd Sadwrn fe fyddai Derec yn mynd i Fangor ac yn dod adref ar ôl i mi fynd i 'ngwely. Chwarae teg iddo, doedd o byth yn dod yn ôl yn waglaw. Fe fyddai'n dod â *dinky toy* i mi a'i adael dan y gwely ar ôl cyrraedd adref. A'r arferiad ar y Sul fyddai rhuthro i mewn i'w llofft a neidio arnyn nhw yn y gwely i'w deffro er mwyn cael y tegan gan Derec. Dwi'n clywed y cwyno rŵan wrth i John Arfon weiddi 'Damia di, dos o'ma. Gad lonydd i ni.' Plentyn diniwed oeddwn i yn gwybod dim am fynd allan ar nos Sadwrn am dipyn o cherry bincs. Y peth ola oedd John Arfon am ei weld dwi'n siŵr oedd rhyw hogyn bach yn neidio ar ei wely ben bore Sul ar ôl nos Sadwrn hwyr. Fe fu'r *dinky toys* gen i am flynyddoedd wedyn nes i 'Nhad gael digon arnyn nhw a'u taflu. Efallai y buasen nhw'n werth pres erbyn heddiw, hyd yn oed heb eu bocsus.

Mewn pentref gwledig mae'r bechgyn hŷn bob amser yn gwneud argraff ar y rhai iau. Yn yr Ysgol Sul yr oeddwn i'n dod ar draws yr hogia mawr. I Ysgol Sul y capel y byddwn i'n mynd gan ei fod mor agos. Wedi ei magu a'i phriodi yn Eglwys Llandinorwig yr oedd fy mam ond ei bod wedi mynd i'r capel efo 'Nhad yn Nhregarth. Efallai mai'r trip Ysgol Sul oedd yn denu a dyna pryd roedd dylanwad yr hogia mawr yn dangos, yn arbennig adeg y fotio. Roedd cael codi'ch llaw i bleidleisio yn beth mawr i blant bach. Os oedd dewis rhwng Bae Colwyn a'r Rhyl, a'r hogia mawr am fynd i'r Rhyl y flwyddyn honno, dros Y Rhyl y bydden ni'n codi'n dwylo. Wrth gwrs i Fae Colwyn yr oedden ni eisiau mynd ond doedd wiw inni ddangos hynny!

Bysus Tommy Jones, Borth (Porthaethwy) oedd yn mynd â ni. Cychwyn am wyth y bore am Y Rhyl a'r stop cyntaf jyst cyn cyrraedd hen bont Conwy. Roedd pawb yn gorfod dod oddi ar y bws a cherdded y tu ôl iddi wrth iddi groesi'r bont yn araf. Dwi rioed wedi deall pam ond rhywbeth i'w wneud efo'r pwysau oedd hyn. Sut roedd llai o bwysau ar y bont a ninnau'n cerdded y tu ôl i'r bws yn lle bod ynddi does gen i ddim syniad. Mae'n bosib y ca i ateb rhyw dro! Ychydig iawn sydd wedi aros yn y cof am Y Rhyl ar wahân i'r ffaith ei fod yn lle mor brysur a swnllyd o'i gymharu â thawelwch Dinorwig. Roedd hi mor braf cael mynd yn ôl adre i chwarae yn y 'pen draw' fel roedden ni'n ei alw.

Lle o gwmpas hen gutiau chwarel oedd y pen draw. Yma roedden ni'n cael noson tân gwyllt. Fe fyddai pawb yn torri coed a hel pob dim oedd ar gael i'w rhoi ar y goelcerth. Un tro roedd gen i lond bocs o dân gwyllt a dyma un o'r hogia yn gafael yn y bocs a'i luchio i'r tân. Doedd y pen draw ddim yn lle hapus iawn i mi y noson honno. Ond mae gen i atgofion mwy dymunol er mor llwm oedd y lle. Dim ond darnau o lechi oedd ar lawr a dim gwair o gwbwl. Ond fan hyn y byddwn i'n marcio cae pêl-droed i mi fy hun a fi fyddai'r ddau dîm ar y cae. Yno y byddwn i a'r bêl wrth fy nhraed yn cymryd arnaf mai fi oedd y chwaraewyr mawr a'r sylwebydd yr un pryd.

'Blanchflower to Mckay, to White, but he's lost the ball to . . .'

Dynwared y teledu ar nos Sadwrn y byddwn i — y

rhaglen *Football Special*. Ychydig iawn fyddwn i'n wrando ar y radio am ryw reswm. Roedd y lleisiau'n glir ar y set os nad oedd rhyw lawer o raen ar y llun! Prin iawn oedd fy Saesneg ar wahân i'r geiriau oeddwn i'n eu cofio gan ddyn y teledu. A dweud y gwir fedrwn i ddim siarad llawer o Saesneg na chynnal unrhyw fath o sgwrs â neb. Dim ond Cymraeg oedd ei angen yn Ninorwig ar y pryd achos perthyn i ryw fyd arall oedd yr iaith fain. Daeth fy niffyg Saesneg i'r amlwg pan ddaeth hi'n bryd imi adael 'y pen draw' a chreigiau Dinorwig. Roedd fy rhieni wedi penderfynu ei bod yn bryd inni adael y pentref uchaf yn Sir Gaernarfon a mudo unwaith eto.

I lawr o'r mynydd

Naw oed oeddwn i yn symud i Benrhosgarnedd, neu Ben-rhos i bawb yn lleol, yn ymyl Bangor. Doedd y lle ddim byd tebyg i'r hyn welwch chi heddiw; neb yn sôn am ysbyty newydd na chanolfan Dŵr Cymru. Roedd o'n cael ei gyfri dipyn mwy *posh* na Bangor. Os oeddech chi'n byw ar Ffordd Penrhos roeddech chi'n rhywun o bwys. Dechrau cael ei ddatblygu oedd Pen-rhos ei hun pan benderfynodd fy rhieni eu bod am brynu tŷ eu hunain. Roedd stryd o dai o'r enw Y Rhos newydd ei chodi a 'Nhad yn mynd am rif 13 o bob un, y tŷ ar ben y rhes. Fe fyddai'n cael ei flwydd ar y trydydd ar ddeg hefyd ac mae'n bosib fod hynny wedi apelio.

Roedd pawb oedd yn ei adnabod yn methu deall beth oedd ar ei ben yn rhoi £1,800 am dŷ a hwnnw dipyn yn llai na'r hen dŷ gweinidog oedd gynnon ni o'r blaen. Ond roedd yn nes i'w waith ym Mangor yn y dyddiau pan oedd yn medru gadael ei gar ar y Stryd Fawr am ddiwrnod cyfan heb ei gloi.

Ar ôl y Nadolig yr oedden ni'n mudo. Dwi'n cofio'r diwrnod cyntaf yn glir iawn. Rhedeg i'r stryd a chyfarfod Norman Lyons oedd newydd symud gyda'i deulu i Ben-rhos o Southport. Roedd o 'run oed â fi a'r unig beth fedrwn i ei ddweud wrtho mewn sgwrs oedd *yes, no, please* a *thank you* a gobeithio eu bod nhw'n ffitio yn y llefydd iawn. Yn Ninorwig doeddwn i erioed wedi gorfod cynnal sgwrs gall efo neb mewn unrhyw iaith arall ond y

Gymraeg. Doedd rwdlan fel sylwebydd pêl-droed ddim yr un fath â siarad. Wnaeth o ddim llawer o wahaniaeth i Norman. Fe ddaethon ni'n ffrindiau da yn fuan iawn.

Cymry oedd yn byw y drws nesa inni. Maldwyn Lewis a'i deulu (Porthmadog wedyn) oedd ein cymdogion ac roedden nhw newydd ddod yn ôl o Seland Newydd. Yn bwysicach na dim roedd plant yno — Dewi, yr hynaf, Gwenno, ei chwaer a Geraint Curig yn fabi. Mi dreuliais i lawer o amser efo nhw ac mi fûm i'n eu helpu i godi garej ac am a wn i mae hi'n dal yno. Wrth gwrs fe symudodd Maldwyn Lewis a'r teulu i Borthmadog cyn bo hir.

Mi ddois i adnabod perthnasau'r dyn oedd wedi codi'r tai lle roedden ni'n byw. Taid Barry Wayne Jones oedd yr adeiladydd ac yn yr ysgol Barry oedd un o'm ffrindiau gorau. Roedd ei fam, Beryl Bickerstaff, yn gyfrifol am gynnal pantomeim bob blwyddyn a phan oeddwn i'n un ar ddeg mi ges i wahoddiad i ymuno â phanto'r flwyddyn honno — *Snow White and the Seven Dwarfs*. Fi oedd un o'r saith corrach! Yn eu tŷ yn Alotan Crescent, Pen-rhos, yr oedden ni'n ymarfer am wythnosau. Dyma'r tro cyntaf erioed i mi gael mynd ar lwyfan a hynny mewn siwt fach werdd a phob un ohonon ni'n canu '*Hei Ho, Hei Ho, off to work we go*'. *Sleepy* oeddwn i a'r unig lein oedd gen i oedd *Oooooh, I'm so tired.*' Yn Neuadd Eglwys St Mary ym Mangor yr oedd y perfformiadau am bedair noson ac un *matinee*, a'r lle yn llawn dop. Rydwi'n cofio un peth yn blaen iawn. Ar y llwyfan hwnnw yn 11 oed y gwnes i werthfawrogi coes merch am y tro cyntaf. Roeddwn i'n eistedd ar stôl ac yn sylwi pâr mor siapus o goesau oedd gan y *principal boy*. Merch tua 20 oed oedd hi ac yn sicr fe wnaeth argraff ar hogyn oedd newydd ddod o'r wlad i gael ei brofiadau cyntaf ar lwyfan yn y dre.

Mewn theatr ymhell o Fangor y ces i agoriad llygad arall. Fe fyddai 'Nhad yn mynd â ni ar wyliau wedi i ni symud o Ddinorwig. Un lle sy'n dal yn fyw iawn yn fy nghof i ydi theatr ym Morcambe lle'r oedd Hughie Green yn perfformio a Kenny Lynch yn canu ei hit *Up on the roof*. Nid y perfformiadau sydd wedi aros yn y cof ond geiriau 'Nhad. Wedi cael ei *call-up* i Benarth fe gafodd ei symud i Morcambe adeg y rhyfel.

'Yn fan 'ma,' medda fo, 'roedden ni'n eistedd am ddau ddiwrnod yn gwrando ar Sarjant Major yn gweiddi'n henwau ni ar y llwyfan 'na. Unwaith roedden ni'n clywed ein henw, i ffwrdd â ni i gael gwybod ble roedden ni'n gorfod mynd.'

I Burma yr aeth o i gwffio yn erbyn y Japaneaid. Ychydig iawn fydda fo'n sôn am ei brofiadau. Fe ddwedodd beth o'r hanes yn Morcambe, sut y cymerodd hi ddau fis i gonfoi ohonyn nhw gyrraedd drwy'r Atlantig a Môr yr India. Wedi cyrraedd roedd y bomiau yn chwyrlïo o'u cwmpas a hwythau'n cael eu cloi yn yr howld yn gwrando ar sŵn y llongau'n cael eu taro. Sŵn dynion yn sgrechian wedyn wrth gael eu lluchio i'r môr a fedren nhw wneud dim yn yr howld ond dweud eu pader. Wedi pum mlynedd yn y rhyfel doedd ei frawd, Yncl Ellis, ddim yn ei nabod pan aeth i'w nôl i stesion Pwllheli. Roedd wedi cerdded heibio 'Nhad am ei fod wedi mynd mor denau.

Fe wrthododd ei fedalau ar ôl y rhyfel achos doedd o ddim am gael ei atgoffa o'r digwyddiadau erchyll. Roedd o'n gwrthwynebu martsio ar ddiwrnod y cofio am ei fod yn credu ei bod yn amser anghofio a dysgu na fyddai'r fath beth byth yn digwydd eto. Fydda fo ddim yn gweiddi hynny o gwmpas y lle. Dyn tawel oedd o, yn hoff o ddarllen am bobol a phethau ac roedd ei ben mewn llyfr neu gylchgrawn Cymraeg yn amlach na pheidio.

Er bod Ysgol Gymraeg ym Mangor ei hun — Ysgol Sant Paul — i'r ysgol leol ym Menrhosgarnedd yr es i. Dwi ddim yn credu i'm rhieni fynd ati'n fwriadol i'm cadw o Sant Paul dim ond penderfynu mai i ysgol y pentref y dylwn i fynd. Roedd Ysgol Y Faenol mewn adeilad newydd yn un peth ac mae'n siŵr fod hynny'n atyniad ynddo'i hun. Eto, profiad digon chwerw oedd bod yno gyda Mr Ellis Jones, y prifathro. Doedd o ddim byd tebyg i'r prifathro oedd gen i yn Ninorwig a fedrwn i ddim cymryd ato o gwbwl. Mi ges fy insyltio ganddo newydd imi gyrraedd. Fe ofynnodd gwestiwn i mi yn Saesneg ac oherwydd bod fy Saesneg mor wael fedrwn i mo'i ateb. Ond yn lle cydymdeimlo â fi dyma fo'n dweud wrtha i am edrych drwy ffenestri mawr y neuadd i gyfeiriad Dinorwig a'r Elidir Fawr. Os na fedrwn i ei ateb yn Saesneg yna fe fyddai'n fy ngyrru yn ôl i'r mynyddoedd o ble dois i. Fedrwn i mo'i ateb ac roedd wedi fy mrifo. Roeddwn yn anlwcus yn fy mhrifathro a dim ond un cysur oedd gen i, roedd yn medru bod yn gas efo pawb arall hefyd. Os oedd o'n clywed rhywun yn siarad wrth fwyta'i ginio roedd andros o le a byddai'n eu gyrru nhw i eistedd ar y toiled i'w fwyta. Meddyliwch yr helynt fyddai heddiw petai hynny'n digwydd.

Rhywun a'i cafodd hi'n waeth na fi oedd Brian Ashley O'Shaughnessy o'r Felinheli. Bryd hynny roedd hi'n arferiad ailchwarae gemau cwpanau pêl-droed ar bnawn Mawrth, yn y dyddiau cyn y llifoleuadau. Roedd Brian wedi colli'r ysgol i fynd i Bwllheli i weld Bangor yn chwarae yn un o rowndiau Cwpan Cymru a daeth hynny i sylw Jones. Dwi'n gweld Brian rŵan yn sefyll ar y llwyfan yn y neuadd yn y bore yn y tracswt las oedd o'n wisgo bob amser yn cael ei biwsio gan yr hen gythraul: rhoi rhyw glustan iddo fo wrth ei basio a dweud y drefn yr un pryd. Yna bygwth tynnu ei drowsus i roi chwip din iddo a Brian druan yn beichio crio o flaen yr ysgol i gyd. Doedd pethau fel hyn ddim yn help i mi setlo yn yr ysgol, heb sôn am fy niffyg Saesneg. Dwi ddim yn meddwl fod fy rhieni wedi credu y byddai cyn lleied o Gymraeg yn yr ysgol leol. Roedd yr hogia oedd wedi bod yno o'r dechrau, fel Isfryn Evans, fferm Y Bryniau, yn medru dygymod â'r sefyllfa yn well na rhywun fel fi. Pan fydda i'n clywed am chwaraewyr pêl-droed yn symud i'r Eidal y dyddiau hyn ac yn methu setlo yno mi fydda i'n meddwl amdanaf fy hun ac yn medru deall yn iawn sut maen nhw'n teimlo. Roedd y deng milltir sydd rhwng Dinorwig a Bangor gymaint i mi bryd hynny ag sydd rhwng Lerpwl a Milan i ambell chwaraewr heddiw.

Wrth gwrs doedd agwedd Ellis Jones at y bêl-droed ddim yn help o gwbwl. A dweud y gwir, doedd dim o'r gwaith ysgol yn apelio ata i. Os oeddwn i'n cael chwarae pêl amser chwarae ac yn y gwersi ymarfer corff roeddwn i'n berffaith fodlon. Doedd y prifathro ddim eisiau gwybod am y gêm ac oherwydd hynny doedd Ysgol Y Faenol ddim yn chwarae yng nghynghrair ysgolion Bangor. Roedd y *Bangor Juniors* i'w cael hefyd a Benny Stevens yn gapten yn y cyfnod yma — mi fûm i'n chwarae yn yr un tîm â fo ymhen rhai blynyddoedd wedyn. Yn yr Ysgol Gymraeg yr oedd Benny ac roedd o am imi newid ysgol imi gael mynd i chwarae i'r *Bangor Juniors*. Doedd hynny ddim yn hawdd, ond mi ofynnais i Jones a fuaswn yn cael ymuno â'r *Juniors* ond wnaeth o ddim gadael imi fynd.

Yn ddiweddarach mi ges i chwarae efo tîm bach da iawn yn ardal Hirael ym Mangor. Roedd John Wyn (Williams) o Ben-rhos yn chwarae hefo fi i Hirael United, fo yn y cefn ar y chwith a finnau ar y dde yn y canol. Mae'r cae lle roedden ni'n chwarae yn dal yno ar ochr y ffordd allan o Fangor, a'r Fenai a Phort Penrhyn yr ochr draw iddo. Roedden ni'n curo timau oedd dipyn yn hŷn na ni. Dyma pryd y ces i wahoddiad i ymuno â'r *Territorial Army* am eu bod nhw am ddechrau tîm. Mi fûm i efo nhw am ddeufis nes inni gael ein cicio allan o gystadleuaeth y cwpan oedd ganddyn nhw yn erbyn tîm o Stoke. Fûm i ddim yno yn ddigon hir i gael yr iwnifform!

Os oedd y gemau ar ddydd Sadwrn roedd hynny'n styrbio'r trefniadau i fynd i weld Bangor yn chwarae. Eithriad oedd imi golli gêm yn Ffordd Ffarrar. Os oedd y tîm cynta i ffwrdd roedd yr ail dîm yn chwarae gartref ac roeddwn i mor ffyddlon iddyn nhw ag i'r prif dîm. Bob Sadwrn roedd Mam yn rhoi hanner coron i mi a doedd fawr o newid yn dod yn ôl. Tair ceiniog oedd y bws o Ben-rhos i Fangor bryd hynny: swllt i fynd i'r cae os oedd y tîm cynta'n chwarae, naw ceiniog i'r ail: tair ceiniog am y rhaglen, ac roedd gen i ddigon i gael bws adref wedi prynu paned a kit-kat yn ystod y gêm. Roedd gen i bres dros ben os oeddwn i'n cael lifft adref efo fy Yncl John (John Arfon) oedd yn un o gefnogwyr mawr Bangor fel finnau.

Mi fyddwn yn mynd i lawr i'r cae erbyn un o'r gloch. Sefyll y tu allan y byddwn i er mwyn cael llofnod rhai o'r chwaraewyr. Dyma'r cyfnod pryd y byddai 5,000 yn dod yno i weld y gemau a 3,000 i wylio'r ail dîm. Mi fedra i gofio'r tîm cynta oedd yn chwarae yn y *Cheshire League* yn '62 pan oedd Tommy Jones yn eu rheoli: Davies, Souter, Griffiths (Iorys Griffiths, yr unig foi lleol), Birch, Murphy, Wilkinson, Mathews, Ellis, Brown, McAllister, Hunter, a'r un wrth gefn oedd Bobby Entwhistle. Wrth gwrs roedd Len Davies a Jimmy McAllister yn byw ym Mangor ond doedden nhw ddim yn hogia lleol. O ochr y Stryd Fawr y byddwn i'n mynd i'r cae a chael sefyll yn yr un lle bob tro — y tu mewn i'r ffens yn ymyl yr *half way line* efo fy Yncl John fel rheol. Rhan o'r hwyl wrth fynd i'r cae oedd cael neidio dros y gamfa-dro *(turnstile)* gan y dyn hel pres.

'*Let's see if you can jump over the turnstile,*' fydda fo'n ei ddweud.

Roedd hi'n hwyl cael gwneud wrth gwrs er ei bod yn costio yr un faint imi fynd i mewn. Ymhen blynyddoedd wedyn y disgynnodd y geiniog mai ffordd o wneud swllt ar fy nghorn i oedd hyn ac mai i boced y dyn yr oedd y pres yn mynd, nid i fanc y clwb! Doeddwn i ddim yn cael fy nghyfri ar gownter y giât.

Yr un rhai oedd yn gwylio yn yr un lle bob Sadwrn a phawb yn cael hwyl. Dwi'n eu gweld nhw rŵan yn mwynhau eu hunain yn sgwrsio o 'nghwmpas i cyn y gêm. Dim ond ar y Sadwrn yr oedden nhw'n gweld ei gilydd mae'n siŵr ac roedd lot i'w ddweud. Ac roedd 'na lot o sŵn yno hefyd uwchben y siarad: rhywrai yn chwarae'r drymiau i godi hwyl y dorf. Roedd hi'n fyd gwahanol 36 o flynyddoedd yn ôl!

Dwi'n cofio teimlo'n genfigennus iawn wrth rai o'r hogia oedd yn cael mynd ar y cae. Dau *ball boy* yn arbennig y byddwn i'n rhoi'r byd am fod yn eu lle oedd Benny Stevens a Ken Jones. Dwi wedi colli cysylltiad â

Benny er pan aeth i'r coleg yng Nghaerdydd, ond roedd o yn ei dracsiwt las a Ken yn ei dracsiwt ddu, yn cael mynd i mewn am ddim yn un peth, a chael eistedd efo pobol bwysig y clwb. Fe gafodd hyn ddylanwad ar Ken Jones mae'n amlwg achos y fo erbyn heddiw ydi noddwr y clwb drwy ei fusnes ceir, Pentraeth Automotive.

Y digwyddiad mwyaf yn hanes Bangor oedd cael chwarae yn erbyn Naples yng Nghwpan Enillwyr Cwpanau Ewrop. Deg oed oeddwn i ar y pryd ac fel cefnogwr brwd roeddwn am gael tocyn i fynd i weld y gêm bwysicaf erioed i'r clwb. Mi ges i bum swllt gan fy mam i fynd i le insiwrans ym Mangor i brynu un. Fu 'na erioed ddim byd tebyg yn hanes Bangor. Tîm Naples yn cymryd y Castle Hotel drosodd (Littlewoods erbyn hyn) a doedd pobol Bangor ddim wedi arfer efo pethau felly. Roedd llond y stryd i'w gweld nhw'n mynd a dod i'r Castle a neb yn cael mynd i mewn ar eu holau am fod y drysau'n cau yn eu hwynebau. Pan ddaeth hi'n ddiwrnod y gêm roeddwn i yno dair awr cyn iddi ddechrau. Dwi'n cofio gôl gyntaf Bangor yn iawn: Roy Mathews yn cael gafael ar y bêl ac yn rhedeg yn galed i gyfeiriad pen St Paul y cae, yn torri ar draws ac yn ergydio efo'i droed chwith a'r bêl yn mynd yn isel ar hyd y llawr ac i mewn â hi. Fe redodd pawb ar y cae wedi gwirioni ac wrth eu boddau fod Bangor wedi mynd ar y blaen. Fedra i deimlo 'nghalon yn curo rŵan. Fy nhîm i ar y blaen yn erbyn Naples! Does gen i fawr o gof am yr ail gôl, dim ond mai penalti oedd hi gan Ken Birch.

Wedi ennill o ddwy i ddim ym Mangor colli wnaethon nhw o 3-1 pan aethon nhw i Naples. Efo'r gôl oddi cartref roedden nhw'n gyfartal ac roedd yn rhaid cael setlo pethau mewn cae niwtral. Yn Highbury y trefnwyd y gêm honno ond ches i ddim mynd i Lundain. Yn ddeg oed, doeddwn i ddim wedi bod lawer pellach na Llandudno; Lerpwl un waith efallai. A chan nad oeddwn i yno yn eu cefnogi, colli wnaethon nhw y diwrnod hwnnw. Ond roedd Tommy Jones yn dal yn arwr ar ôl dod â chymaint o glod i Fangor wrth wneud gwaith mor odidog yn eu rheoli.

Mi ddaliais i gefnogi hogia Tommy Jones a chael gweld rhai chwaraewyr oedd yn rhoi gwefr i mi yn hogyn. Doedd y teledu ddim yn dangos cymaint â hynny o bêl-droed yn y cyfnod hwnnw, dim byd tebyg i'r hyn ryden ni'n ei gael heddiw. Fe fyddai rhai chwaraewyr enwog yn ymuno ag ail dimau Wrecsam neu Tranmere os oedden nhw wedi brifo. Roedd yn fraint i mi gael gweld rhywun fel Dave Hickson, a arferai chwarae i Everton, yn chwarae i Tranmere Reserves. Tommy Banks wedyn yn chwarae i Fangor a fynta wedi chwarae i Bolton yn y *Cup Final*. Hen foi iawn oedd o yn herian y dorf bob amser a'r rheiny yn gweiddi a sgrechian arno achos roedd o'n beryg o gicio rhywbeth oedd yn symud! Roedd o'n fy atgoffa o'r gêm gyntaf welais i erioed. Aeth fy nhad â fi i weld Bethesda yn chwarae gartref yn erbyn Nantlle Vale pan oedd Idris Evans (tarw Nefyn) ac Orig Williams yn aelodau o'r tîm. Roeddwn i'n sefyll ar y lein a dyma Orig yn taclo. Doeddwn i erioed wedi gweld y fath beth a welais i neb yn taclo felly byth wedyn.

Ym Mhen-rhos roeddwn i'n chwarae efo Dafydd Hardy a'i frawd John, y sylwebydd pêl-droed. Er mai i'r Ysgol Gymraeg yr oedden nhw'n mynd roedd ganddyn nhw gaeau chwarae ac yno y byddwn i'n mynd i gael gêm efo'r hogia. Bryn Jones oedd un arall, mab Cledwyn Jones, Triawd y Coleg. Gan ei fod yn perthyn i gôr yr Eglwys Gadeiriol perswadiodd fi i fynd yno efo fo, am ryw bythefnos. Doedd fy llais ddim yn ddrwg er nad oeddwn i'n Aled Jones o bell ffordd, ond roedd yn rhaid mynd yno dair gwaith yr wythnos i ymarfer a finna eisiau chwarae pêl-droed bob munud sbâr oedd gen i. Mi ges lond bol ar y canu'n fuan iawn.

Dyma pryd y dechreuodd yr awydd i wrando ar gerddoriaeth, ar y teledu yn fwy na'r radio. Roeddwn i'n cael arbed mynd i 'ngwely'n gynnar ar nos Wener am fod *Ready Steady Go* ar y bocs. Rhaglenni eraill oedd yn fy nenu oedd *Top of the Pops, Juke Box Jury* efo David Jacobs, a Brian Mathew yn cyflwyno *Thank your Lucky Stars* lle'r oedd Janice Nichols a'i *'I'll give it five'*. Yn ddeg oed daeth y cyfle i brynu fy record gyntaf. Roeddwn i wedi cael gramaffon blastig gan Santa Clos a honno'n chwarae *kiddy tunes* fel John Peel ac roedd hi'n cael mynd i'r toiled a phob man efo fi gan fy mod i mor ffond ohoni. Wedi cael digon ar y recordiau bach plastig roeddwn i am rywbeth gwahanol. Yn y County Record Shop, a ddaeth yn un o siopau recordiau gorau Bangor, y gofynnais am Cliff Richard yn canu *When the girl in your arms is the girl in your heart*. Yr ochr arall — y *B side* — roedd *I've got a funny feeling* a finnau'n meddwl i ddechrau mai *I've got a funny filling* oedd o, 'run fath â'r hyn oedd i'w gael gan y deintydd! Mi ges i *funny feeling* iawn ar ôl ei rhoi hi ar y gramaffon blastig: doedd dim posib rhoi record newydd 45 ar beiriant oedd ddim ond yn chwarae disgiau plastig i blant ar 33. Hon oedd y wers gyntaf i mi fel DJ!

Roedd yn rhaid i mi ddisgwyl tan oeddwn i'n 14 oed cyn cael chwaraewr recordiau go iawn. Erbyn hynny roedd record Cliff Richard wedi hen golli ei hapêl. Yr un brynais i ar yr ail gynnig oedd *Black Girl* gan y Four Pennies o Blackburn. Roeddwn i wedi eu gweld ar *Ready*

Steady Go pan gawson nhw hit efo *Juliette*. Wnaeth 'y ferch ddu' ddim cystal; dim ond i rif 30 yr aeth hon. Yr unig reswm dwi'n cofio ydi am mai *Black Girl* oedd y record gyntaf imi ei phrynu. Y nesaf oedd *My Generation* gan yr Who. Mi fentrais i Gonwy i gael honno a phan oeddwn i'n gweithio efo Ian Turner, un o DJ's Marcher Coast, roeddwn i'n dweud wrtho bob tro roeddwn i'n ei chwarae mai ei hen ddyn oedd wedi gwerthu honno imi yn ei siop yng Nghonwy.

Doedd 'na ddim pop Cymraeg ar record yr adeg hynny; ychydig iawn o bop Cymraeg oedd o gwbwl. Er, rydwi'n cofio gweld Parti Sgiffl Hogiau Llandegai yn dod i Neuadd y WI ym Mhen-rhos pan oedd Helen Wyn yn mynd o gwmpas efo nhw i gynnal cyngherddau. Roedd Helen Wyn (Tammy Jones ymhen rhai blynyddoedd wedyn) yn hwyr am ei bod hi wedi gorfod cerdded o'i gwaith ym Mangor. Roedd hi'n dipyn o enw i ni ar y pryd am ei bod hi wedi bod ar Sêr y Siroedd, y sioe dalent gan y BBC. Ar yr un noson y gwelais i'r grŵp pop cyntaf imi ei weld ar lwyfan — The Rockafellas — criw o hogiau lleol. Fedra i ddim cofio enw'r boi ar y dryms, rhai coch sbarcli, ond doedd o ddim yn medru eu chwarae nhw! Dwi'n cofio mai Alwyn Pritchard, oedd dipyn hŷn na fi, oedd ar y bâs. Pan glywodd yr hen bobol y sŵn roeddech chi'n eu gweld nhw'n dycio. Doedden nhw ddim wedi clywed y fath ddwndwr ym Mhen-rhos o'r blaen! Sŵn y Shadows oedd ganddyn nhw ac o'i gymharu â'r hyn glywch chi heddiw doedd o ddim yn uchel. Un *vox AC30 amplifier* oedd ar y llwyfan ac mae *hi-fi* yn y tŷ yn uwch na hynny heddiw.

Tua'r adeg yma yr agorodd y Clwb Ieuenctid ym Mhen-rhos, yn y cae wrth ymyl y neuadd. O'r diwedd roedd gynnon ni le i gyfarfod gyda'r nos. Roedd yn ddigwyddiad mawr yn ein hanes gan fod y lle yma yn arbennig ar ein cyfer ni. Mr John Williams oedd yr arweinydd, tad John Wyn, un o'n criw ni. Braidd yn anodd ein trin oedden ni i Mr Williams ac roedd o'n gorfod gweiddi lot. Ond mi fydda i'n ddiolchgar iddo am byth gan mai yn y Clwb Ieuenctid y gwnes i gynnal y disco cyntaf erioed.

Erbyn hynny roeddwn i'n ddeunaw oed ac wedi rhoi'r gorau i fynd i'r Clwb — wedi mynd yn rhy hen i ryw bethau felly! Wedi clywed fod 'na ddisco yno roeddwn i ar nos Iau, a finnau fel rheol ddim yn mynd allan ar nos Iau. Roedd 'na ryw fath o offer yno, un *turntable* a *speaker* bach a goleuadau'n fflachio, wedi cael eu benthyg o Ysgol Friars. Ond doedd neb yn gwybod sut i'w defnyddio a chan fy mod i wedi bod mewn ychydig o grwpiau roedd gen i ryw syniad sut i fynd ati, a dyma Mr Williams yn gofyn i mi a fedrwn i wneud rhywbeth efo'r pethau er mwyn i bawb glywed y recordiau. Doedd 'na ddim meicroffon i helpu'r llais i gyflwyno'r caneuon ac roedd yn rhaid aros i'r record orffen troi cyn gosod y nesaf yn ei lle gan mai dim ond lle i un oedd 'na. Er mor amrwd oedd yr offer mi ges sŵn a goleuadau ohonyn nhw. Recordiau fel *The Push Bike Song* gan The Mixtures o Awstralia oedd yn y siartiau yr adeg honno; Tammy Lynn ac *I'm going to run away from you* oedd un arall, a Freda Payne a'i chân *Band of Gold*; y rhain oedd y disgiau oedd wedi cyrraedd Penrhosgarnedd fel pob man arall. Yno roeddwn i am dair neu bedair awr yn eu chwarae a llond y lle o bobol ifanc y pentre yn mwynhau eu hunain. Er mor annhebyg oedd o i ddisco proffesiynol mi ges i flas mawr ar yr hyn wnes i'r noson honno ac mi daniodd ryw sbarc i mi ddechrau cymryd mwy o ddiddordeb yn y busnes recordiau.

Felly, ar Mr Williams, arweinydd Clwb Ieuenctid Penrhosgarnedd yn 1970, y mae'r bai fy mod i ar y radio heddiw!

Yr ysgol fawr

Profiad a hanner oedd trio'r 11+. Ym Mangor, Ysgol Friars neu Ysgol Deiniol oedd y dewis, ac i Ysgol Friars yr es i drio'r arholiad er mwyn cael mynd yno. Ar y diwrnod hwnnw yn 1963 — diwrnod pwysig iawn fel roedd pawb yn mynnu dweud — roeddwn i'n nerfus ofnadwÿ. Wedi chwysu drwy'r cwestiynau wnes i ddim pasio, er imi deimlo pan ddaeth y canlyniadau fod rhai â llai yn eu pennau na fi wedi pasio. Doedd 'na ddim dewis ond derbyn nad oeddwn yn cael mynd i Ysgol Friars, yr ysgol oedd ag enw mor dda iddi ers blynyddoedd. Deiniol, ar Ffordd Deiniol yng nghanol Bangor, gafodd y fraint o'm derbyn i. Erbyn gweld doedd hi ddim yn fraint o gwbwl! Fy marn i yn syth oedd ei bod yn ysgol wael ac mai awydd mawr rhai o'r athrawon oedd cael 'madael â chi mor fuan ag y medren nhw.

Doedd fawr iawn o gyfleusterau yn Ysgol Deiniol. Roedden ni'n gofod rhannu cantîn ar draws y lôn efo Ysgol Sant Paul. Pan fyddai merched y gegin yn dod â bwyd i'r byrddau fe fydden nhw'n ei roi i'r monitors. Roedd faint o fwyd fydden ni'n ei gael yn dibynnu llawer iawn ar y rheiny. Yn y dosbarthiadau isaf roedd ganddyn nhw duedd i gadw'r bwyd iddyn nhw eu hunain a doedd yr athrawon ddim fel pe baen nhw'n sylwi. Yn aml iawn doedd rhywun ddim yn ffansïo'r bwyd ganddyn nhw p'run bynnag gan fod dwylo rhai ohonyn nhw yn faw i gyd neu ôl smocio'n dew ar eu bysedd! Dim ond y pwdin siocled oeddwn i'n ei fwynhau. Dwi wedi bod yn hoff o bob dim siocled erioed ac mi fyddwn yn bwyta bocsiad o gacenni bach siocled yr oedd Mam yn arfer eu prynu i mi.

I rywun fel fi roedd mor bwysig cael cae pêl-droed mewn ysgol, ond rhannu hwnnw oedden ni hefyd. Roedden ni'n gorfod mynd i Dreborth, ddwy filltir o'r ysgol, i weld caeau gwyrdd. Dim ond pêl-droed oedd i'w gael ac athletau yn yr haf efo'r athro chwaraeon, R. K. Jones. Goli *Bangor Juniors* y flwyddyn cynt oedd fy ffrind gorau er mai yn Ysgol Sant Paul yr oedd o wedi bod. Tipyn o gymeriad oedd John Horlock Hughes — John Fodol i ni ar ôl enw ei fferm ar gyrion Bangor — ac fe gawson ni lot o hwyl efo'n gilydd. Fe ddaliodd y cyfeillgarwch ar ôl inni adael yr ysgol hefyd. Fe fydden ni'n mynd i Fae Colwyn a'r Rhyl ar nos Sadwrn yn ei fan A35, rhyw wyth neu naw ohonon ni. Roedd gynnon ni flanced yn y cefn a bob tro y bydden ni'n mynd drwy Gonwy dan y blanced â ni rhag i'r glas ein gweld ni.

Bob blwyddyn yn yr ysgol roedd pedair gêm bêl-droed — dwy yn erbyn Ysgol Segontium, Caernarfon, a dwy arall yn erbyn Ysgol Mostyn, Llandudno. Roedd hi'n ddiwrnod mawr pan oedd Mr Jones yn dewis y tîm a'i roi i fyny ar y wal wrth y neuadd. Yn yr ail flwyddyn ches i mo fy newis o gwbwl ac roedd hynny'n siom eithriadol ac roeddwn wedi teimlo i'r byw, methu yn yr unig beth yr oeddwn yn cael blas arno yn yr ysgol.

Beth oedd yn digwydd yn Deiniol bryd hynny oedd eu bod yn rhoi'r plant o gartrefi Cymraeg mewn un dosbarth a'r gweddill yn nosbarthiadau K, L, ac M. Yn M yr oedd y rhai heb lawer o glem ar ddysgu. Roedd y tri dosbarth Saesneg yn tueddu i edrych i lawr ar ein dosbarth ni fel petaen ni'n dod o fyd arall a'n galw ni'n josgins. Doedd fawr neb ohonyn nhw'n ein licio ni yn y dosbarth Cymraeg. Fe ddaeth 'na lygedyn o obaith imi adael pan ddwedodd fy athro dosbarth cyntaf i y byddwn i'n cael mynd i Friars petawn i'n gweithio'n ddigon caled. Er mor braf oedd meddwl am fynd o'r carchar yr oeddwn ynddo, ddigwyddodd hynny ddim. Mi gollais ddiddordeb mewn dysgu yn fuan iawn a dwi'n credu mai'r athrawon oedd gynnon ni oedd yn rhannol ar fai.

Dyn od iawn oedd Mr Cross, yr athro Saesneg. Yn hongian o'i felt roedd ganddo tsiaen a bwnsh o oriadau a bob tro roedd yn dod i mewn i'r dosbarth roedd o'n swingio'r goriadau yn erbyn y drws. Y twrw mawr hwnnw oedd yn dangos ei fod ar y ffordd a ninnau'n sefyll iddo wedyn wrth iddo gerdded i mewn. Pennant oedd o'n fy ngalw i — y cyntaf i ddefnyddio fy enw canol — ac os oeddech chi'n methu gwneud rhywbeth roedd o'n eich codi chi o'r gadair gerfydd eich clust a thrio rhoi rhywbeth yn eich pen chi felly. Wnaeth o ddim dysgu llawer o ddim i mi, mae arna i ofn. Roedd o'n ormod o ecsentrig i mi gymryd ato o gwbwl.

Un athro yr oeddwn yn ei ofni am fy mywyd oedd R. Llewelyn Thomas a oedd yn dysgu Mathemateg. Am flynyddoedd fe fu'n actio mewn dramâu Cymraeg ar y radio a'r teledu, nid bod hynny yn cyfri rhyw lawer i ni. Yn yr ysgol roedd ei gansen yn ei wneud yn ddyn i'w osgoi. Pan fydden ni'n symud o un wers i'r llall ac yn siarad wrth fynd roedd o'n rhoi waldan ichi efo'r gansen. Un egar oedd o a phawb yn ei ofni ac yn dweud bod ganddo blwm yn ei gansen ac mai dyna pam roedd hi'n brifo cymaint. Mi ges i ei blas hi un tro, tair ar draws fy llaw ac roedd hi'n brifo am weddill y dydd.

Y merched ar y staff oedd orau gen i. Mrs Owen o Lanberis a oedd yn dysgu Cymraeg a Hanes inni ac roeddwn yn dipyn o ffrindiau efo hi. Roedd o'n help fy mod i'n chwarae pêl-droed i dîm Sir Gaernarfon efo'i mab Iolo. Un arall oedd Mrs Maggie Roberts, Maggie Vaughan i ni, a fu'n athrawes Gymraeg arna i yn yr ail flwyddyn. Roedden ni'n dau yn gwneud yn iawn efo'n gilydd ac yn eitha clòs.

Mae'n anodd iawn i mi hel atgofion am fywyd ysgol uwchradd heb gofio am y diwrnod a adawodd ei ôl arna i am byth. Dri mis wedi i mi ddechrau yno daeth neges i'r dosbarth i ddweud fod y prifathro am fy ngweld. Pwy oedd yn ei 'stafell ond Yncl Derec wedi dod yno i ddweud fod Mam yn sâl a'i bod hi wedi gorfod mynd i'r ysbyty. Yn hogyn un ar ddeg oed doeddwn i ddim yn deall yn iawn beth oedd wedi digwydd. Pan es i adref efo Yncl Derec yno roedd y teulu i gyd a dyna pryd y ces i wybod ei bod wedi cael *nervous breakdown* a'u bod nhw wedi mynd â hi i Ysbyty Dinbych. Bryd hynny, i fan'no yr oedd pawb o'r gogledd yn mynd os oedd rhywbeth fel hyn wedi digwydd. I mi, yn yr oed yr oeddwn i ar y pryd, roedd yr enw Dinbych yn gyrru rhyw ias drwyddoch chi a doedd pobol oedd yn mynd i 'ysbyty'r meddwl' ddim yn cael eu trin yr un fath rywsut â'r rhai oedd yn sâl yn gorfforol. Roedd rhyw stigma ynglŷn ag afiechyd meddwl a phobol yn cymryd agwedd wahanol tuag at y salwch a defnyddio geiriau fel *nuts* amdanyn nhw. Wrth feddwl am bethau felly roedd gen i ofn clywed plant yn dweud hynny am fy mam i achos fe fyddai hynny yn brifo i'r byw.

Pan ddaeth yn ôl o Ddinbych roeddwn mor falch ei bod gartref efo ni unwaith eto. Ond nid hon oedd y fam yr oeddwn yn gyfarwydd â hi. Cymerai bob math o dabledi at ei nerfau a doedd hi ddim yn medru byw hebddyn nhw. Pan oeddwn i'n eistedd yn y tŷ yn siarad efo hi roedd hi'n edrych arna i ac yn sbio drwydda i am ei bod hi'n llawn o gyffuriau. Doedd hi ddim yn iawn drwy'r adeg yr oeddwn yn yr ysgol ac roedd hi'n mynd i lawr ac i lawr a'r unig beth oedd y doctoriaid yn medru ei gynnig oedd 'chwaneg o dabledi. Roedd hi wedi colli diddordeb ym mhob dim, hyd yn oed mewn canu. Dyna oedd un o'i hoff bethau yn Ninorwig. Fe fyddai'n cael blas mawr wrth fynd at yr organ bedalau oedd ganddi yn y tŷ a chanu emynau. Pan oedd hi'n ifanc roedd hi wedi bod yn canu llawer mewn eisteddfodau yn ardal Dinorwig a Llanberis. Mae Yncl Derec yn dweud mai tynnu ar ôl ei nain ar ochr ei thad yr oedd hi. Fe fu'n canu yng nghôr Saddlers Wells yn Llundain. Fe ddaeth yr organ i Ben-rhos ond wedi ei symud fe welwyd fod twll pry ynddi a doedd peth felly ddim i fod mewn tŷ newydd!

Mam brynodd y gitâr iawn gyntaf ges i. Fe fyddai'n mynd â fi i dŷ ei chefndyr Alun a Vivian yn Water Street, Llanberis. Vivian oedd gitarydd Hogia'r Wyddfa wedyn ond Alun dwi'n ei gofio yn chwarae gitâr a chanu caneuon Lonnie Donnegan, *My old man's a dustman* a'r rheiny. Mae Alun yn dal i ganu rownd y clybiau a phan oeddwn i'n hogyn roeddwn i'n meddwl ei fod yn dipyn o foi efo'i gitâr, a'i dri chord! Hynny daniodd y diddordeb i minnau ddechrau swnian am gael un iawn. Roedd gen i un fach blastig Tommy Steele, pedwar tant, ac un efo lluniau'r Beatles arni. Mae honno'n dal gen i ac yn werth pres erbyn hyn, medden nhw. Ond er mwyn cael un well mi aeth mam â fi i siop Cranes ym Mangor y Nadolig cyn iddi fynd yn sâl a phrynu gitâr *acoustic* frown madrigal imi. £4.16s gostiodd hi, dwi'n cofio'n iawn, ac mi ges i ddau lyfr i fynd efo hi — *Play in a day* gan Bert Weedon a *500 Guitar Chords*. Efo hon y bûm i wedyn yn gwneud pob math o synau. Er i mi fod wrthi'n galed yn dilyn y llyfrau wnes i ddim cael gafael iawn arni byth.

Pan es i ychydig yn hŷn roedd yn rhaid tyfu'r gwallt i fynd efo'r gitâr. Y Beatles oedd pob dim yr adeg honno, a George Best, fy arwr mawr. Roedd ei wallt o'n hir felly roedd yn rhaid i mi ei ddynwared a finnau'n meddwl cymaint ohono fel pêl-droediwr. Doedd gwallt hir a'r ysgol ddim yn cyd-fynd. Mi ges i orchymyn i'w dorri a finnau ddim yn gwneud. Roedd mymryn o wallt dros y glust yn rhy hir yn y cyfnod hwnnw. 'Os na fyddwch chi wedi ei dorri erbyn 'fory mi fyddwn yn eich gyrru chi adref': y rhybudd terfynol. Wnes i mo'i dorri a ches i ddim fy anfon o'r ysgol 'chwaith! Mae'n siŵr fod 'na rywfaint o gydymdeimlad â'r rebel oedd ynof wrth benderfynu peidio gweithredu yn fy erbyn.

Am ryw reswm mi fyddwn yn cymysgu efo hogia hŷn na fi ym Mhen-rhos. Efallai fod gan y gwallt hir rywbeth i'w wneud â hynny. Gwynfor Ellis oedd un, mab i blismon ac yn blismon ei hun wedyn. Roedd o bedair blynedd yn hŷn na fi ac yn foi i'w edmygu am fod ganddo gar. Morris 1000 convertible oedd ei gar cyntaf a Triumph Herald convertible wedyn. Roedd dau arall yn y criw — Arfon Lewis a Paul Lyons — a'r arferiad oedd bod pob un ohonon ni yn talu hanner coron yr un i brynu gwerth chweugain o betrol i fynd am dro i Sir Fôn ar ddydd Sul. Ar nos Sadwrn fe fydden nhw'n mynd i ddawnsfeydd yn Llangefni neu rywle ble bynnag y bydden nhw'n cael un, ond chawn i ddim mynd nos Sadwrn gan Mam am fy mod yn rhy ifanc. Roedd dydd Sul yn wahanol ac i ffwrdd â ni am Benllech yn yr haf i chwilio am ferched oedd ar eu gwyliau o ardal Manceinion. Dwi ddim yn cofio dydd Sul gwlyb, roedd pob un yn heulog braf, a ninnau'n dechrau cyboli efo'r merched diarth oedd yn siarad yn debyg i Elsie Tanner ar Coronation Street. Hwyl diniwed iawn oedd o a dim yn dod o'n hymweliadau ni mwy na rhyw lolian o gwmpas y jiwcbocs.

Fe ddaeth fy nhro i fynd i gyfeiriad gwahanol ac am ogledd-orllewin Lloegr yr es i. Y bêl-droed oedd yn gyfrifol am hynny. Wedi bod yn chwarae i dîm yn Hirael, Bangor, mi ges gynnig ymuno â thîm *Menai Bridge Tigers*. Hwn oedd y tîm ieuenctid yn yr ardal ac roeddech chi wedi cyrraedd yr uchelfannau os oeddech chi'n cael chwarae iddyn nhw. Fe fyddai'r Teigars yn cael hwyl yn y *North Wales Youth Cup* a'r *Welsh Youth Cup* er nad oedd ganddyn nhw gae eu hunain. Ym Methesda neu Benmaen-mawr yr oedd y gemau weithiau. Ar y pryd roedd ganddyn nhw dîm reit dda — Phil Tottey yn y gôl (aeth i chwarae i Ysgolion Cymru a Bangor wedyn), Alun Williams o Goed Mawr, Bangor a oedd wedi fy nenu i Borthaethwy; Derek Caughter, eto o Goed Mawr; John Hughes o Langefni a Derek Looms o Frynsiencyn.

Gordon Owen oedd y rheolwr ac ar ôl un gêm fe ddaeth ata i a gofyn am air. 'Wyt ti'n meddwl y byddet ti'n cael mynd am dreial i Blackpool?' oedd y cwestiwn, a fedrwn i ddim cyrraedd adref yn ddigon buan i ofyn i Mam a 'Nhad oedden nhw'n fodlon imi fynd. Roeddwn i'n neidio yn yr awyr, wedi gwirioni, pan ges i ganiatâd. Mynd mewn tacsi wnaethon ni, tri ohonon ni, ar wahân i Gordon Owen oedd yn smocio un ar ôl y llall yn y tu blaen. John Hughes a Derek Looms oedd y ddau arall ar y ffordd i Bloomfield Road am y treial. Yr unig un

41

dwi'n ei gofio yn chwarae yr un pryd oedd brawd Emlyn Hughes, Lerpwl gynt, a does gen i ddim syniad beth ddigwyddodd iddo fo wedyn. Yr un peth â fi efallai! Dweud fy mod i'n rhy ifanc wnaethon nhw ond y buasen nhw'n cadw llygad arna i. Roedd John yn fwy ffodus. Fe gafodd o gynnig prentisiaeth yn garej Thomas Motors yn Blackpool yr un pryd â chael ei hyfforddi efo'r clwb. Fel un o deulu garej Argraig roedd hynny'n gyfleus iawn iddo. Ymhen sbel roedd o'n chwarae i'r tîm cyntaf cyn symud i Stockport ac yna i Fangor am rai blynyddoedd. Mi fûm i'n chwarae i ail dîm Bangor a chwarae un gêm efo John yn y tîm hwnnw.

Heb yn wybod inni roedd John a finnau wedi bod yn chwarae yn yr ardd gefn pan oedden ni'n bethau bach iawn. Roedd ei fam wedi bod yn gweithio efo 'Nhad yn y Weinyddiaeth Amaeth a phan oeddwn i'n fychan roedden ni wedi bod yn mynd am dro i Langefni i'w gweld nhw. Bryd hynny doedd neb wedi meddwl y byddai'r ddau ohonon ni yn cael treial i Blackpool yr un diwrnod.

Cyn gadael Ysgol Deiniol fe ddigwyddodd un peth na welwyd yn hanes yr ysgol ers blynyddoedd. Fe gafodd un o'r hogia ei ddewis i chwarae i dîm ysgolion Sir Gaernarfon. Yn rhyfedd iawn y fi oedd hwnnw! Roedden ni wedi gwneud yn dda i gyrraedd y semi ffeinal yn erbyn Sir y Fflint ac roedden nhw'n rhannu'r gyn-derfynol yn ddwy gêm. Colli gartref wnaethon ni o 1-0 ar gae Bangor ac yn anffodus aeth pethau ddim o'n plaid ni yn yr ail gêm chwaith. Fe gawson ni dipyn o gweir pan aethon ni i gae Flint Town. Wedi i'n goli ni frifo fe gollson ni o 5-1 ond rydwi'n dal i ddweud mai ni oedd y tîm gorau tan i hynny ddigwydd. Y diwrnod hwnnw roedd Grenville

Millington yn chwarae i Sir y Fflint ac mi wnes ei gyfarfod o ymhen rhai blynyddoedd wedyn ar ôl i'w frawd Tony chwarae yn y gôl i Gymru.

Wedi'r gemau i Sir Gaernarfon mi ges i dipyn o gynigion i fynd am dro i weld rhai o'r clybiau mawr. Mi ges i gynnig mynd i Manchester United am bythefnos a mynd i weld pobol Sheffield United ond gwrthod mynd wnes i. Roedd gan Blackburn ddiddordeb hefyd ond chlywais i ddim mwy na hynny. Fe ddaeth galwad o Shrewsbury Town hefyd ac mi es i am dreial efo nhw a chwarae un gêm iddyn nhw. Dweud diolch yn fawr am ddod wnaethon nhw a rhoi 19 swllt a 6 cheiniog yn fy llaw i dalu'r costau. Hen betha gwael na fasen nhw wedi rhoi punt i mi am fy nhrafferth!

Os oedd y bêl-droed yn denu doedd yr ysgol yn gwella dim. Yn bymtheg oed dyma ddweud digon yw digon. Ond beth oeddwn i am ei wneud â mi fy hun? Fe benderfynodd fy nhad y dylwn fynd i'r Coleg Technegol ym Mangor i wneud cwrs cyn-brentisiaeth mewn adeiladu a bu'n rhaid ufuddhau. Yno hefyd yr oedd rhai o'r un flwyddyn yn yr ysgol i fy helpu i setlo — Isfryn Hughes o Ben-rhos, William Roberts, Cochwillan, Jimmy Harland a dau efaill, John a Robert Williams. Ond parhad o'r ysgol oedd hyn i mi a doedd gen i ddim diddordeb o gwbwl yn yr hyn yr oeddwn i fod i'w wneud.

Y joban gyntaf i mi ei chael oedd adeg y gwyliau haf. Pan fydda i yn pasio set 'Rownd a Rownd' ym Mhorthaethwy fe ddaw'r profiadau'n ôl i mi. Yno roeddwn i'n gweithio pan oedd y lle yn garej Jones Brothers. Rhoi petrol o'r pympiau hen ffasiwn oedd fy ngwaith i a'r cyflog am chwe diwrnod o waith yn bedair punt a deg swllt (£4.50 yn y pres newydd). Bob wythnos roedd hen ŵr a hen wraig yn dod heibio a hithau'n dweud: *'Check the oil.'* Mi wyddwn nad oedd y car angen oel bob tro roedd hi'n gofyn. Doedd dim yn tycio pan oeddwn yn dweud wrthi fy mod i wedi cael golwg arno yr wythnos cynt. *'Check the oil.'* oedd hi wedyn. Mi ddysgais yn fuan iawn sut i ddelio â'r hen wraig: smalio rhoi oel yn y can! Wrth fynd at y car cymryd arnaf wedyn fy mod yn rhoi oel yn yr injan. Roedd hi'n hapus am wythnos arall. Ac roeddwn innau yn dipyn o foi achos roedd hi'n mynnu rhoi chwe cheiniog imi amdano. Ond roedd hwnnw a'r tair ceiniog o dip yn mynd i fy mhoced!

Hwn oedd yr unig dro yn fy mywyd i mi gymryd mantais fel yna.

Tua'r adeg yma y dechreuais i gyboli efo grwpiau pop. Rhai o'r hogia oedd yn yr ysgol efo fi oedd wedi dod at ei gilydd — Mike Hughes, Wayne Thomas, Ivor Owen a Brian Griffiths — ac roedden nhw'n chwilio am un arall. Sweet Affair oedd enw'r grŵp i ddechrau ac mi gafodd ei newid i Rag Travis pan aethon ni'n fwy hip. Fe ymunodd un o'm ffrindiau, Myrfyn Williams o Dal-y-bont, Bangor, â'r grŵp hefyd. Mae o'n dal i ganu o gwmpas y clybiau ac yn galw'i hun yn Ricky Black. Roedd ganddo feddwl mawr o Jimi Hendrix ac fe fyddai'n canu a chwarae gitâr — efo'i ddannedd weithiau! Fe wnaethon ni lawer mewn rhyw flwyddyn a hanner yn chwarae yn Sir Fôn ac yn mynd mor bell â Chaer. Fe fuon ni yn y Queen of Clubs yn Y Rhyl am un haf achos roedd gynnon ni asiant yn y dref, Mr Gizzi o'r Sunnybank Entertainment. Pan oedden ni'n mynd i rywle fel y Queens yng Nghaergybi roedden ni'n cael £7 y noson, £12 mewn llefydd eraill a £15 os oedd hi'n noson fawr. Roedden ni'n cystadlu efo grwpiau fel Shady Lane o

Gaergybi, y grŵp gorau yn y gogledd, aeth i Fanceinion i gymryd rhan yn y rhaglen Lift Off ar ITV am bump o'r gloch. Roedd hynny'n dipyn o gamp bryd hynny. Grŵp arall o Gaergybi oedd Mo and the Mystiks a Wynne Roberts yn ddrymiwr iddyn nhw. Fo ydi'r hypnotydd erbyn hyn, yn gwneud i bobol fynd i gysgu yn lle eu deffro nhw efo sŵn drymiau! Dimensions o Fangor oedd un o'r grwpiau amlwg hefyd.

Roedd 'na ddau grŵp o Bentraeth — Inspired Dreams, yr oedden ni'n ffrindiau mawr efo nhw, a'r llall oedd Impact Blues. Fe chwalodd yr Impact Blues ac fe ddaeth y boi oedd yn chwarae bas iddyn nhw, Cliff Williams, aton ni i ofyn fuasai o'n cael bod yn rheolwr arnon ni. Gan fod ganddo dipyn o brofiad roedden ni'n croesawu'r cynnig, a fo wedyn oedd yn trefnu'r nosweithiau inni. Am ei drafferth roedd yn cael deg y cant ac oherwydd fod ganddo fan i'n cario ni o le i le roedd hynny yn gaffaeliad mawr i ni. Cyn hynny roedden ni'n cael benthyg fan gan hwn a'r llall. Efo fan Cliff — neu Clifford Williams, cynficer Benllech, fel y byddai pawb yn gwybod amdano erbyn heddiw — yr aeth y Rag Travis yma ac acw am ryw dri mis nes inni hel digon o bres i gael fan ein hunain. Fe gollodd Cliff ddiddordeb yn y grŵp ar ôl hynny. Roedd yn gweithio yn Rio Tinto (Alwminiwm Môn) hefyd ac roedd hynny yn rheswm arall iddo orfod ffarwelio â ni. Ar ôl iddo fynd yn ficer roedd yn dal i gymryd diddordeb mewn grwpiau ac fe wnaeth lawer efo pobol ifanc yn ei eglwys. Fe fyddai'n cael Gerry Marsden o Gerry and the Pacemakers atyn nhw i'r Benllech i'w helpu nhw.

Mae'n rhyfedd fel mae rhywun yn cofio ambell ffrae yn yr arddegau delicet. Un o hogia'r Rhos, Penrhosgarnedd oedd Stephen Roberts, ac fe gafodd gitâr ac *amplifier* gan ei deulu. Fe gawson ni fenthyg y gitâr ganddo at iws y grŵp a'i rhoi hi yng nghefn y fan. Y tro nesaf i mi afael ynddi roedd ei 'gwddw' wedi torri. Doedd gen i ddim syniad sut roedd hyn wedi digwydd. Be' goblyn oeddwn i'n mynd i'w wneud efo hi rŵan? Ei chuddio yn yr atic wnes i heb i neb wybod dim amdani nes i rieni Stephen ddod at y drws yn holi am gitâr eu mab. Wyddai fy nhad ddim byd am fodolaeth y gitâr a doedd ganddo ddim syniad am beth roedden nhw'n sôn. Fe fu'n rhaid egluro pan ddois i i'r fei fod 'na gitâr wedi torri yn yr atic a doedd dim i'w wneud ond mynd â hi'n ôl a gobeithio'r gorau. Ches i fawr o groeso fel y medrwch ddychmygu. Ond fy nhad gafodd fwyaf o flas tafod y fam. Fe ddaeth i'n tŷ ni a chwarae'r diawl efo fo am fy mod i neu'r grŵp wedi amharchu'r gitâr. Dyn tawel oedd fy nhad a wnaeth o ddim dadlau fawr iawn efo hi achos doedd ganddo fo ddim llawer i'w ddweud wrth y grŵp a'i fiwsig beth bynnag.

Fe ddaeth gyrfa fer y grŵp Rag Travis i ben ar y Calan 1968 heb inni chwarae o gwbwl i groesawu'r flwyddyn newydd. Roedd Mr Gizzi wedi'n bwcio ni i fynd i'r Lido, Prestatyn ond oherwydd fod cariad un o'r hogia am iddo fod efo hi y noson honno ac nid efo'r grŵp roedden ni'n methu mynd. Y drwg oedd mai fan Ivor Owen oedden ni'n ei defnyddio i fynd o gwmpas ac am ei fod o yn gwrthod mynd â hi doedd gynnon ni ddim ffordd o gyrraedd Prestatyn. Fe aeth Mr Gizzi yn wallgo bost ac yn ei wylltineb fe ddywedodd na fyddai o byth yn rhoi gwaith inni eto. A dyna ddiwedd sydyn ar y Rag Travis. Amser pleserus a ddaeth i ben yn llawer rhy fuan i mi — oherwydd bod merch yn mynnu cael ei ffordd!

Dal i drio dygymod â gwaith y Coleg Technegol yr

oeddwn i yn ystod y dydd. Ond ymhen dim roeddwn yn mynd i dderbyn yr ergyd fwyaf ysgytwol yn fy mywyd. Chwe wythnos wedi dechrau'r cwrs mi ges i bres gan Mam yn y bore i fynd i brynu *sweater* yn y dre ar ôl y coleg. Doedd hi ddim yn dda y bore hwnnw ac mi soniais y byddwn yn dod adref yn syth pan fyddwn wedi cael hyd i'r dilledyn. Mi lwyddais i ddal y bws chwarter i bump o Fangor i Gaernarfon ac wedi mynd i lawr ym Mhenrhos a cherdded am adref daeth Mrs Smart, un o'n cymdogion, i'm cyfarfod yn Y Rhos. Dod o dŷ'r Smiths yn rhif 7 wnaeth hi, yn amlwg wedi bod yn disgwyl amdanaf. Saesneg oedd hi'n siarad ac meddai hi'n ddistaw:

'Eifion, mae 'na ddamwain wedi bod.'

Y peth cyntaf ddaeth i'm meddwl oedd fy nhad achos ei fod yn teithio cymaint efo'i waith. Ond roeddwn i'n gweld y car yn y dreif.

'Dy fam,' meddai hi.

Wrth synhwyro fod rhywbeth mawr o'i le dyma ofyn iddi sut oedd Mam.

'Mae dy fam wedi marw.'

Anghofia i byth y geiriau *'Your mother's dead,'* na'r gwewyr oedd ar ei hwyneb.

Mi ofynnais am fy nhad ac roedd o yn y tŷ. Yn yr ystafell gefn yr oedd o a'r dagrau'n powlio. Doeddwn i erioed wedi gweld fy nhad yn crio o'r blaen ac mi es i eistedd ato fo a dechrau crio fy hun. Mi ofynnais ble roedd y ddau arall. Roedden nhw yn nhŷ Mr a Mrs Davies, rhif 10, a Mrs Davies, gwraig Fred Davies oedd yn gweithio i'r BBC, yn edrych ar eu holau. Fy mrawd 9 oed oedd wedi dod o'r ysgol ac wedi gweld Mam ar lawr, yn symud dim. Fe redodd o'r tŷ am ryw filltir i gyfeiriad Bangor wedi dychryn a ddim yn gwybod beth i'w wneud. Elen, fy chwaer, ddaeth adref nesaf a rhedeg at Mrs Davies i ddweud fod Mam wedi marw.

Brain haemorrhage gafodd hi ond rydwi'n dal i gredu mai'r cyffuriau oedd hi'n eu cymryd wnaeth y drwg. Wnaethon nhw ddim daioni iddi beth bynnag. Byth ers hynny mae gen i rywbeth mawr yn erbyn tabledi. Mi gymera i asprin at gur pen ond dim byd am gyfnod hir. Mae gen i eu hofn nhw.

Wythnos ofnadwy oedd honno yn hanes ein teulu. Ychydig iawn o gof sydd gen i am rediad pethau ond fe aeth fy nhad a fy ewyrth â fi i Gaernarfon i brynu siwt ar gyfer y cynhebrwng. Mae hi'n dal gen i o hyd. Am ddyddiau cyn yr angladd fedrwn i ddim coelio beth oedd wedi digwydd. Roeddwn i'n methu deall pam fod Mam wedi ei chipio oddi wrthon ni — rhyw deimlo drwy'r amser fy mod i yng nghanol breuddwyd. Wrth gyrraedd y fynwent yng Nghaernarfon a gweld y bedd fe ddechreuodd y dagrau lifo. Doeddwn i ddim wedi crio'n iawn cynt: rŵan roeddwn i'n beichio crio. Wrth weld yr arch yn mynd i lawr i'r bedd roeddwn yn sylweddoli fod pob dim yn wir. Doedd y brofedigaeth ddim wedi fy nharo'n iawn tan hynny. Yn sicr, fe effeithiodd arna i mewn blynyddoedd i ddod.

Gyda'r nos y noson honno roeddwn yn methu aros yn llonydd ac mi es i lawr i Fangor efo rhai o fy ffrindiau. Fe aethon ni i siop tsips ac roeddwn i'n dal yn fy siwt a 'nhei ddu.

'*Where have you been, lad?*' meddai un o'r hogia oedd yno, ddim yn meddwl beth oedd o'n ddweud, fel mae pobl ifanc yn amal iawn.

'*You've had a bad time. Been to a funeral?*

Fe ypsetiodd hynny fi'n lân. Roeddwn i'n ail-fyw'r pnawn a'r dagrau'n llifo. Roedd o'n teimlo'n waeth na fi dwi'n siŵr pan eglurodd rhywun iddo beth oedd wedi digwydd.

Daeth Anti Bet, chwaer fy nhad, aton ni i edrych ar ein holau am rai misoedd ac fe fu Dilys, gwraig Yncl Derec, efo ni hefyd. Roedd angen tipyn o ofal ar blant ysgol 9 ac 11 oed a finnau'n bymtheg yn methu gwybod beth i'w wneud yn y Coleg Technegol.

DJ yn cael gwaith

Fe fuon ni'n lwcus iawn o'n perthnasau ar y pryd er mai fy nhad oedd yn dad a mam inni. Bob nos Iau roedd hi'n noson *laundrette* iddo ar ôl ei waith. Ar ddydd Gwener a Sadwrn fe fyddai'n mynd â fy chwaer Elen i'w helpu i wneud y siopio i gyd. Roedd hi'n waith caled iddo fagu tri o blant a doeddwn innau ddim mwy na phlentyn mewn gwirionedd er fy mod wedi gadael yr ysgol. Yn ei bum degau cynnar fe roddodd y gorau i'w waith i edrych ar ein hôl ni. Wrth fod ganddo swydd dda a phensiwn yn mynd efo hi fe lwyddodd i ymddeol yn gynnar. Fe gafodd ychydig o waith efo cwmni Bob Parry yn Llangefni iddo gael mynd allan o'r tŷ. Ar adegau fe fu'n sôn am agor siop fach neu bost ond ddigwyddodd hynny ddim. Fe dreuliodd lawer o amser ar ei ben ei hun yn y tŷ pan oedd y tri ohonon ni allan ac roedd yn fywyd unig a chaled iawn iddo ar adegau. Ond roedd o'n hoff o ddarllen ac fe gafodd lawer o foddhad o hynny.

Dros gyfnod o bedair blynedd fe effeithiodd colli Mam arna i mewn gwahanol ffyrdd. Roeddwn i wedi colli 'mynedd efo pob dim. Er imi ailddechrau yn y coleg mi fyddwn i'n ei chael hi'n anodd i fynd yno: mi fyddwn yn colli dau neu dri diwrnod ar y tro gan wneud rhyw esgus gwirion am fy absenoldeb. Dwi'n credu petai rhywun arall yn gwneud esgusion tebyg y bydden nhw wedi cael cic yn eu pen ôl yn sydyn iawn. Am fy mod i yn y sefyllfa yr oeddwn i ynddi roedd 'na gydymdeimlad efo fi a doedd neb yn cwyno pan oeddwn yn cymryd dyddiau i ffwrdd. Unwaith es i ddim yno am bythefnos a dweud wedyn fy mod i wedi bod yn sâl. Roedden nhw'n gwybod yn iawn nad oeddwn yn dweud y gwir ond mai fi oedd wedi colli 'mynedd yn gyfan gwbwl efo'r cwrs adeiladu. Yn y diwedd mi wnes i basio un o'r papurau ond methu y *joinery and carpentry* a doedd dim gobaith imi gael marc o gwbwl efo'r trydydd — wnes i ddim cyrraedd yno ar ddiwrnod yr arholiad!

Roeddwn yn ysu am gael mynd o'r coleg ac yn chwilio am unrhyw fath o waith er mwyn cael gadael. Mi welais yn y papur fod y Bwrdd Nwy yn chwilio am chwech o brentisiaid. Dyma drio am un ohonyn nhw a gorfod mynd i goleg Llandrillo-yn-Rhos i gael prawf. Yno roedd llond neuadd ohonon ni yn treulio awr yn ateb cwestiynau ar bapur. Wrth lwc mi ges wahoddiad i fynd yn ôl am gyfweliad a chael cynnig mynd i fod yn brentis ffitar efo'r Bwrdd Nwy. Roeddwn i'n adnabod rhai o'r hogia oedd yn gweithio efo'r *gas* ym Mangor ac fe fu Michael Owen a Ken Lock yn edrych ar fy ôl i wrth inni fynd o gwmpas yn y fan. Un peth da efo'r swydd oedd cael mynd i Landrillo-yn-Rhos am bythefnos ar y tro i ddysgu 'chwaneg am y gwaith. Fe fydden ni'n mynd o Fangor efo bws 7.30 bob bore. Ond yn sgîl hyn roedden ni'n cael mynd i Gaerdydd hefyd, y tro cyntaf imi gael mynd i'r brifddinas. Roedden ni'n aros yn y *Saint Athan's Boys Club* a'r holl brentisiaid o wahanol rannau o Gymru yno yr un pryd. Beth oedd yn arbennig ynglŷn ag aros yno oedd y cyfleusterau chwaraeon — pedwar cae pêl-droed, *gym* a phwll nofio. A bod yn onest roedd y rhain yn fwy diddorol i mi na'r gwaith achos roedd hwnnw'n dechrau troi arna i.

Ym mhentref y bechgyn dwi'n cofio gweld Mary Hopkin yn cyrraedd rhif un yn y siartiau ar *Top of the Pops* efo *Those were the days*. Dim ond ar nos Sadwrn yr oedden ni'n cael mynd allan i'r ddinas ac i'r Top Rank y bydden ni'n mynd. Yno y gwelais i grŵp Love Sculpture a Dave Edmunds yn brif gitarydd iddyn nhw. Ymhen dwy flynedd roedden nhw ar *Top of the Pops*, a minnau wedi hen adael y Bwrdd Nwy. Ar ôl pedwar mis roeddwn i wedi cael digon. A dweud y gwir, doedd gen i mo'r awydd lleia i fod yn ffitar, dim ond fy mod i wedi trio am y gwaith i blesio fy nhad am ei fod o'n pwyso arna i imi gael swydd iawn efo dyfodol iddi. Ond oherwydd y math o berson ydwi, os nad oes gen i ddiddordeb yn rhywbeth, does gen i ddim digon o amynedd i ddal ati. Mae'n bosib, wrth gwrs, fod y brofedigaeth wedi fy ngwneud i'n fwy diamynedd nag y byddwn wedi bod yn naturiol.

Er i 'ngwaith fynd ar chwâl roedd y bêl-droed gen i i 'nghynnal. Pan oeddwn yn un ar bymtheg oed mi ges wahoddiad i fynd am dreial efo clwb Caer. Ken Roberts oedd y rheolwr, newydd fynd yno o Wrecsam ac yn frwd i ddechrau polisi ieuenctid. Rhaid imi ddweud, mi ges i glincar o gêm y diwrnod hwnnw a sgorio'r unig gôl.

Roedd dau chwaraewr a ddaeth yn amlwg wedyn yn chwarae yn yr un treial — Nigel Edwards, a aeth ymlaen i chwarae i dîm cyntaf Caer ac fe chwaraeodd hefyd i dîm dan 23 oed Cymru, fel y gwnaeth Grenville Millington a oedd yn chwarae yr un diwrnod. Doedd Grenville ddim yn ddieithr i mi gan ein bod wedi dod ar draws ein gilydd o'r blaen, fel y soniais yn gynharach.

Canlyniad y treial oedd fy mod i wedi cael chwarae tair gêm i Gaer, ddwywaith i dîm A ac un gêm yn chwaraewr wrth gefn i'r ail dîm. Mi arwyddais ffurflenni amatur iddyn nhw am ddwy flynedd, nid fy mod i wedi gwneud llawer o gyfraniad yn ystod y cyfnod gan fy mod i'n teimlo mor anniddig. Wnaeth fy awydd i ddal ati i chwarae ddim para'n hir ac, er na wyddwn i hynny ar y pryd, fe ddaeth Ken Roberts i weld fy nhad a gofyn pam roeddwn i'n cadw draw. Ymhen rhai misoedd wedyn y ces i wybod am yr ymweliad. Doedd fy nhad ddim am roi unrhyw bwysau arna i ac roedd am i mi ddewis beth i'w wneud. Ychydig iawn o ddiddordeb oedd gan fy nhad mewn pêl-droed er ei fod wedi bod yn chwaraewr da yn yr ysgol, yn gapten y tîm pan oedd yn Ysgol Botwnnog. Wedi mynd yn hŷn doedd dilyn y bêl ddim yn apelio cymaint ato ac roedd yn fwy awyddus i mi gael joban a gwell sicrwydd yn perthyn iddi.

Erbyn hyn roeddwn i'n ddi-waith ac yn trio pob math o bethau. Mi fûm i'n gweithio mewn garej, mewn warws ac yn dreifio fan. Yr adeg yma roeddwn i'n chwarae i dîm pêl-droed Hirael United ym Mangor ac mi chwaraeais i Lanrug ond heb chwarae tymor llawn i neb. Mi fyddwn yn cael llond bol ar ôl rhyw ddeufis a hynny'n digwydd am ddau neu dri thymor. Roedd yr un teimladau yn fy nharo ar y cae chwarae ag wrth weithio, a phyliau diflas iawn yn dod heibio pan oeddwn yn methu magu'r awydd i wneud dim.

Pan oeddwn i yng nghanol un o'r cyfnodau digalon mi ges gynnig gwaith o le annisgwyl. Gan fy mod i'n chwarae i Lanrug roeddwn wedi dod i adnabod John Arfon Jones a oedd yn aelod o'r pwyllgor. Gweithio efo Telefusion yng Nghaergybi yr oedd John ac roedden nhw'n chwilio am rigar — dyn i osod erials teledu. Heb feddwl ddwywaith mi gymerais i'r gwaith er bod yn rhaid mynd ar ei ôl i ben pellaf Sir Fôn. Roedd pethau'n edrych yn addawol! Roedd hon yn job wrth fy modd ac yno y bûm i am bedair blynedd yn mynd o gwmpas Caergybi, Llanfechell, Llanfaethlu ac i lawr am Aberffraw, talp hyfryd iawn o'r hen sir. Un o'r hogia oedd yn gweithio efo fi oedd Pete Robinson, o Lerpwl yn wreiddiol, ac roedd wedi bod yn cynnal discos cyn dod i Sir Fôn. Wrth iddo sôn amdanyn nhw mi ges innau'r awydd i gael fy nisco fy hun. Roedd y syniad o fynd o gwmpas y wlad yn cyflwyno recordiau mewn gwahanol nosweithiau yn apelio'n fawr. Yn 1971 fe ddaeth y cyfle i brynu offer. Pan oeddwn i yn y County Record Shop ym Mangor un dydd Sadwrn mi welais i gerdyn bach yn y ffenest, rhywun o ochrau Pwllheli yn gwerthu'r gêr i gyd am ganpunt. Wedi mynd adref mi ffoniais i'r boi ac wedi gwrando ar y straeon mawr amdano yn gweithio ar orsafoedd *pirates* a'i fod wedi gwneud yr offer disco ei hun dyma gytuno i fynd i'w gyfarfod yng Nghaernarfon. Mi dynnais £110 o'r cynilion oedd gen i yn y Swyddfa Bost i fynd â nhw efo fi. Pan ddeallodd fy nhad beth oeddwn i yn ei wneud fe aeth yn wallgof ond mi ges i berswâd arno i roi benthyg ei gar i mi fynd i Gaernarfon. Y tro nesaf y gwelodd fi roeddwn i £100 yn dlotach a doedd o ddim yn deall o gwbwl beth oedd yr holl daclau — dau *turntable*, un *amplifier* a *speakers*. Roeddwn i'n ddyn newydd wedi cael yr offer i ddechrau arni o ddifri i wneud gwaith fel y digymar Count Cristo oedd wrthi tua Môn ac Arfon ar y pryd: J.C., John Collins oedd un arall, ac yn y Winter Gardens yn Llandudno yr oedd Orville J. Heap. Mi fyddwn yn ei weld o ar nos Sadyrnau, wedi mynd ar y bws o Fangor efo John Horlock, John Wyn, Lenny Macdonald a Tomi Evans, Tomi Bach. Wedi noson rownd y tafarnau yn chwilio am genod ar eu gwyliau, neu genod Llandudno, fe fydden ni'n cael rhyw awr a hanner yn y Winter Gardens ar ddiwedd y noson. Orville J. Heap oedd y DJ cyntaf i mi ei weld. Dyma alw fy nisco i yn Cloud Nine Disco am fy mod i ar ben fy nigon wrth gael rhywbeth oedd gymaint at fy nant.

Doedd 'na ddim llawer o bwynt cael yr offer heb gael ei ddefnyddio a thrwy rywun yn y gwaith y ces i'r joban gyntaf — yn y Catholic Lounge yng Nghaergybi. Bob nos Wener roedden nhw'n cael disco yno ond digon prin eu bod wedi gweld un tebyg i'r Cloud Nine. Ar ganol y noson fe glywodd pawb y sŵn rhyfeddaf: yr *amp* wedi chwythu'i blwc. Y trefnydd wedyn yn gorfod rhoi pres yn ôl i bawb am na chawson nhw werth eu harian ac yn waeth na dim o'm safbwynt i roedd na wy mawr dros fy wyneb i. Mi ffoniais gyn-berchennog y disco i ddweud wrtho beth oedd hanes ei waith llaw. Doedd o'n cydymdeimlo dim â'r hyn oedd wedi digwydd i mi, dim ond dweud fy mod i wedi gweld y gêr cyn ei brynu — a tyff. Braidd yn ddiniwed oeddwn i bryd hynny a wnes i ddim dadlau â fo ar y ffôn ond fyddwn i ddim yn derbyn y fath ateb erbyn heddiw. Fe surodd y disco am sbel ar ôl profiad mor chwerw er fy mod i'n dal i brynu recordiau rhag ofn y byddai 'na obaith ailddechrau.

Yng nghanol fy nhrafferthion mi ges alwad gan ddyn o'r enw Elfed Morris. Roedd o wedi cael ei berswadio i adael clwb pêl-droed Bae Colwyn lle'r oedd yn rheolwr i fynd i wneud yr un gwaith ym Methesda. Fe ofynnodd i mi oedd gen i ddiddoreb ymuno â nhw. Rhyw ugain oed oeddwn i ond roedd Elfed wedi dewis rhai iau na fi i chwarae i'r clwb. John Hardy, y sylwebydd pêl-droed, yn 16 oed oedd y canolwr blaen a finnau ar yr asgell dde. Ar yr asgell chwith roedd Don Weston o Leeds United a Wrecsam wedi hynny. Roeddwn i'n meddwl fy mod i'n dipyn o foi yn cael chwarae yn yr un tim â rhywun oedd wedi chwarae i'r clybiau mawr. Nid y fo oedd yr unig un. Yno hefyd yr oedd Peter Jackson a Graham Jones a oedd wedi chwarae efo Wrecsam a Chaer, a George McGowan oedd efo Bangor pan ges i chwarae efo nhw. Gan fy mod wedi ei gyfarfod bryd hynny roedd fel chwarae efo hen ffrind ac rydwi'n dal yn ffrindiau efo George. Yn un o'r gemau roedd Neville Southall yn chwarae yn y gôl i Llandudno Swifts pan oedd o'n hogyn deuddeg oed.

Bethesda oedd y tîm i fod i ennill pob dim y flwyddyn honno ond fel mae hi'n digwydd yn aml nid felly y datblygodd pethau. Wnaeth y tîm ddim asio efo'i gilydd am ryw reswm ac fe gollson ni bedair neu bum gêm. Fe ddechreuodd pethau fynd yn ddiflas yn y clwb ac fe adawodd Elfed Morris a mynd yn ôl i Fae Colwyn. Doedd hi ddim yr un fath ar ôl iddo adael a chollais innau frwdfrydedd. Ymhen ychydig mi ges alwad ffôn ganddo yn gofyn i mi oedd gen i awydd chwarae i Fae Colwyn ond gwrthod wnes i heb roi llawer o resymau. Y gwir oedd fy mod i wedi cael digon ar fyd y bêl-droed.

Gan fod y disco ar stop roedd hi'n gyfnod go dawel heb fawr i'w wneud dros y Sul na gyda'r nos. Er fy mod i wedi dieithrio oddi wrth y clybiau pêl-droed fedrwn i ddim gwrthod y demtasiwn i chwarae eto pan ges i wahoddiad i gael gêm efo tîm y BBC ym Mangor. Ifan Roberts o'r stafell newyddion ym Mryn Meirion oedd yn hel y chwaraewyr at ei gilydd ac roedd yn digwydd byw heb fod ymhell oddi wrtha i ym Mhenrhosgarnedd. Wedi chwarae yn Llanfairfechan un noson fe aethon ni am beint i le o'r enw Penybryn ac mi sylwais ar boster oedd yn dweud bod ganddyn nhw ddisco bob nos Iau. 'Os dach chi angen disco rhyw dro mae gen i un,' meddwn i wrth ddyn y lle, heb sôn gair am yr anffawd yng Nghaergybi. Bythefnos wedyn mi ges i alwad ar nos Fercher yn gofyn fedrwn ni wneud y disco y noson wedyn. Dyma orfod egluro fy mhroblem wrth Ken Roberts oedd yn rhedeg Penybryn: dim *amplifier*. 'Os ca i amp fedri di ei neud o?' meddai Ken. 'Iawn,' meddwn innau, 'faint dach chi'n dalu?' 'Nos Iau £4,' medda fo, '£5 ar nos Wener.' Wel, roedd pedair punt yn bedair punt a dyma dderbyn y cynnig heb feddwl ddwywaith.

Yr unig drafferth ar y pryd oedd fy mod i'n ddi-gar a doedd gen i ddim dewis ond ffonio John Fodol, fy mêt ysgol, i ofyn fuasa fo'n medru mynd â fi draw. Wrth lwc fe aeth pob dim yn hollol rwydd ar y noson gyntaf a Ken Roberts yn gofyn beth oedd fy hanes y nos Iau wedyn. Mi gytunais i fynd yn ôl yno ymhen wythnos ac am ryw reswm ddaeth y boi oedd i fod yno byth i'r fei. Oherwydd hynny fe aeth pob nos Iau yn bob nos Wener hefyd a'r ddwy noson efo'i gilydd yn rhoi pres bach del imi.

Roeddwn i'n dal i weithio yng Nghaergybi ac roedd gan bobol Telefusion ddigon o ffydd yn'a i i roi fan imi. Mi fyddwn yn cael mynd â honno adref efo fi ac roedd hi'n handi iawn i gario gêr y disco yn ôl ac ymlaen. Gan fy mod i'n cael mwy o waith roeddwn i'n medru prynu offer gwell gan fod yn rhaid cael stwff dibynadwy i fynd i lefydd fel meysydd carafanau a gwersylloedd gwyliau o gwmpas y gogledd. Roeddwn i allan chwe neu saith noson yr wythnos yn ystod yr haf a rhyw bedair noson yn y gaeaf; fe fyddai'n brysurach adeg y Nadolig a'r flwyddyn newydd wrth gwrs a rhywun yn mynd o gwmpas â'i dafod allan!

Yr unig ddrwg wrth ddefnyddio fan Telefusion oedd eu bod yn gwrthod imi fynd â hi allan gyda'r nos. Roedd yn iawn imi fynd â'r gêr draw i Lanfairfechan neu ychydig pellach ond roedd yn rhaid mynd â hi'n ôl adref yn syth a ffeindio fy ffordd yn ôl wedyn i ddechrau'r disco. Un noson roedd hi'n ormod o demtasiwn i gadw'r fan yn Llanfairfechan wedi i mi gyrraedd. Y rheswm, a dweud y gwir, oedd fy mod i wedi cael gafael ar ferch go handi o Benmaen-mawr ac wrth gael y fan yn gyfleus mi fyddwn i'n medru mynd â hi adref ar ôl y disco heb boeni am gael benthyg car fy nhad na dim. Wedi mynd â hi at y tŷ roeddwn i wedi stopio'r tu allan i gael rhyw gydl fach, fel mae rhywun yn gwneud pan mae o'n ifanc a ffôl. Dyma gnoc ar y ffenest, oedd wedi dechrau stemio'n go arw erbyn hynny. Plismon!

'Chi bia'r fan 'ma?' medda fo, a Telefusion wedi'i sgrifennu drosti i gyd.

'Be' dach chi'n feddwl?' meddwn innau'n ddigon gwirion heb feddwl am funud mod i'n siarad efo plismon.

'Dach chi'n cael ei hiwsio hi'r adeg yma o'r dydd?' oedd ei gwestiwn nesaf.

Roeddwn i'n gwybod nad oeddwn i fod i wneud hynny ac roedd y plismon yn gwybod nad oeddwn i fod i wneud hynny, a dyna fi wedi fy nal. Fe gafodd y cwmni yng Nghaergybi wybod am hyn a doedd gen i ddim troed i sefyll arni pan ddaeth y penderfyniad sydyn gan y prif ddyn fy mod i'n cael y sac. Roedd yn beth gwirion mynd â'r fan fel y gwnes i achos doedd yr insiwrans ddim yn fy nghyfro i petai 'na ddamwain. Doedd hi ddim yn deg wrth gwrs: roedd 'na ambell un yn mynd allan am beint yn eu fan bob nos ac yn gyrru pymtheng milltir wedyn. Ond doedden nhw ddim yn cael eu dal!

Yr hen broblem oedd gen i nesaf, ble i gael gwaith. Mae cysylltiadau'n handi iawn yn yr hen fyd 'ma ac oherwydd fy mod i'n adnabod Bryn Jones o Fangor, ac wedi bod yn yr ysgol efo fo, mi ges i job unwaith eto. Bryn oedd y B yn K&B Jones, cwmni gosod erials ym Mangor, a'r K (Keith) oedd ei frawd. Gweithio i mi fy hun oeddwn i ond fy mod i'n cael fan a'i defnyddio hi gyda'r nos, diolch byth. Hon oedd yn mynd â fi a stwff y disco o gwmpas y wlad rhyw bedair noson bob wythnos. Rhwng y gwaith a'r nosweithiau hwyr doedd hi ddim yn syndod fy mod i wedi syrthio i gysgu wrth ei dreifio. Diolch am hynny, mi agorais fy llygaid mewn pryd cyn mynd â hi i'r wal.

Roedd dringo i ben toeau yn iawn am sbel. Wrth feddwl yn ôl roedd yn waith digon peryglus, yn enwedig mewn gwynt a glaw, a doedd y rheolau iechyd a diogelwch ddim mor gaeth bryd hynny. Gan fod y gwaith o'u gosod yn prinhau a minnau'n dechrau ei deimlo'n mynd yn galetach ym mhob tywydd fe ddaeth fy nghyfnod efo'r erials i ben. Roedd hynny'n golygu colli'r fan ond am fy mod i wedi bod yn gweithio bob dydd a sawl noson bob wythnos roedd gen i ychydig o bres wedi ei hel i brynu fy fan fy hun.

Moscvitch werdd ges i a thalu £150 amdani yn garej Ivor Jones. Fe fyddai tanc yn enw addas ar yr honglad hon o Rwsia. Roedd hi'n mynd yn iawn tan oedd angen partiau. Yr unig le i gael y rheiny oedd gan ryw ddyn amheus iawn yr olwg yn y Wirral a oedd yn codi crocbris amdanyn nhw. Beth bynnag, roedd yn rhaid cael partiau oherwydd bod y fan yn bwysig i gynnal busnes y disco. Erbyn hyn roeddwn wedi ei alw'n Harlequin Disco ac wedi cael help Raymond Lee o Fangor. Ar un adeg roedd ganddo ei ddisco ei hun ond fe ddaeth y ddau ohonon ni at ein gilydd ac roedd yn gwmpeini i drafeilio i lefydd pell fel Y Bermo neu Connah's Quay ambell dro ac roedden ni'n mynd i ochrau Wrecsam a'r Wyddgrug yn bur aml hefyd. Roedden ni'n cael llawer o waith mewn clybiau neu briodasau a, diolch i'r hen Moscvitch, roedden ni'n cyrraedd pob man er bod y ffyrdd yn gul a throellog. Mae hi wedi gwella llawer ers yr adeg hynny er bod digon o gwyno o hyd am ein ffyrdd ni.

Fe fyddai gwaith yr haf yn golygu lot o waith. Yn Sir Fôn, roedd Plas Coch, heb fod ymhell o Frynsiencyn, yn lle poblogaidd iawn ar un adeg yn y saith degau. Hefyd mi lwyddais i gael nosweithiau yn Pontins Prestatyn am un tymor, a phedair noson yr wythnos yn Butlins Pwllheli un haf. Yno y cafodd Raymond Lee a finnau y profiad mwyaf dychrynllyd o'r holl ddiscos i gyd. Yn hwyr un noson pan oedd dros bum cant wrthi'n dawnsio fe ddechreuon nhw gwffio ar y llawr. Roedd hi fel yr OK Corral yno — poteli a gwydrau yn chwyrlïo i bob cyfeiriad. Doedd gan Raymond a minnau ddim i'w wneud ond cuddio dan ddesg y disco. Fan'no roedden ni ar ein pengliniau yn gweddïo y byddai pob dim yn iawn ac y bydden nhw'n rhoi'r gorau i daflu'r poteli oedd yn hedfan uwch ein pennau. Drwy'r helynt i gyd roedd y record ddwytha i mi ei chwarae yn dal i droi — *I want you back* gan y Jackson Five!

Er bod mynd mawr ar lefydd fel Butlins a Pontins roedd pobol yn dechrau cael blas ar fynd i Sbaen ar eu gwyliau. Mi fydda i'n hoff iawn o'r haul fy hun. Gan fod fy ngwallt yn dywyll fydda i byth yn llosgi. Pan oeddwn i'n cynnal discos efo John Wright o Fangor yr es i dros y dŵr am y tro cyntaf. Doedd gan yr un ohonon ni brofiad o fynd ar awyren ond dyma fentro i Benidorm. Am na wydden ni pa mor boeth oedd hi yn Sbaen roedden ni wedi pacio siwtiau i fynd efo ni. Wedi cyrraedd doedden ni erioed wedi gweld dim byd tebyg o'r blaen. Roedd hi'n andros o *'culture shock'*!

Yr yr Hotel Calypso yr oedden ni'n aros. Fe gawson ni lot o hwyl efo Saeson, Almaenwyr ac Iseldirwyr. Dwi'n siŵr fod pawb yn fwy awyddus i gymysgu bryd hynny. Roedden ni'n mynd i glwb 'Talk of the Town' ac yn cyfarfod merched o Sheffield a Nottingham. Ond y merched o'r Iseldiroedd dwi'n eu cofio — am un rheswm! Doedden nhw ddim yn medru dweud 'Eifion' ac yn methu'n lân ag arfer efo'r enw er mor dda ydyn nhw efo ieithoedd. Ivanhoe oedden nhw'n fy ngalw i drwy'r amser!

Ar ddiwedd y gwyliau fe ddaeth hi'n amser prynu presantau. Roedd gen i lawer mwy nag oeddwn i eu hangen. Mi brynais i bethau lledr i hongian o gwmpas y gwddw i ddal leitar a sigarets, dwsin o feltiau lledr a het sombrero. Ar ben hyn i gyd roedd yn rhaid cael coblyn o ful. Dyna oedd y ffasiwn yn digwydd bod: pawb yn dod oddi ar awyren ag anifail digon mawr i ddweud 'chi' wrtho o dan eu cesail! Dwi'n cofio cyrraedd yn ôl yn Gatwick a llond fy hafflau ar wahân i fy nghesys. Gorfod mynd ar y trên i Victoria yn Llundain a chroesi wedyn i Euston efo'r holl bethau i'w cario adref. Wnes i erioed brynu cymaint ar wyliau wedyn ar ôl dysgu fy ngwers.

Wedi cael blas ar y gwyliau cyntaf roedd yn rhaid mynd eto. Fe aeth pedwar ohonon ni yr ail dro — John eto, Kevin o Landegfan a Lee o Birmingham. Majorca oedd hi y tro yma ac mae un digwyddiad yn mynd i aros am byth yn fy nghof. Mae'r cwmnïau gwyliau yn trefnu gwahanol weithgareddau wedi i chi gyrraedd, a mynd i farbaciw wnaethon ni un noson. Mewn hen gastell yng nghanol y wlad oedden ni — nid castell go iawn fel sydd gynnon ni yng Nghymru ond rhywbeth mwy simsan yr olwg. O'i gwmpas roedd coed a goleuadau yn hongian o un i'r llall. Erbyn i ni gyrraedd roedd tua phum cant o bobol yno a band yn chwarae. Am yr awr gyntaf roedden ni'n cael bwyta ac yfed faint licien ni. Am demtasiwn! Fel roedd un botel win yn gorffen, rhoi'r corcyn yn ôl ac allan â hi drwy'r ffenest. 'Vino!' oedd y waedd wedyn. A Vino fuo hi lawer gwaith nes inni gael rhyw ugain potel rhyngddon ni. Erbyn hynny roedden ni wedi meddwi'n gaib! Ar y bwrdd â ni i ddawnsio — wedi tynnu pob dim oddi amdanom ond ein trôns. Roedd y band a ninnau'n dawnsio a phawb ohonon ni yn cael andros o hwyl.

Yn sydyn, fel sy'n digwydd pan mae rhywun mewn cyflwr felly, fe ddaeth syniad i 'mhen i.

'I fyny'r goeden!'

A dyma John Wright a finnau i fyny fel rhyw ddau fwnci a dechrau gweiddi pethau gwirion a thynnu'r goeden yn ôl ac ymlaen. Y munud nesaf fe ffiwsiodd y goleuadau! Roedd y lle yn dywyll fel bol buwch.

Wna i byth anghofio'r Sbaenwyr yn gweiddi'n wyllt, *'You come down!'* Ninnau'n gweiddi'n ôl: *''We're not coming down there for a hiding!'*

'You not come down, we cut the tree.'

I lawr â ni yn ddigon sydyn ar ôl clywed hyn. Chawson ni ddim cweir ond fe gawson ni ein taflu allan drwy ddrws y castell a hithau'n dal yn dywyll bitsh.

Dyma ni yng nghanol unlle yn nhywyllwch nos yn ein trôns! Doedd dim i'w wneud ond dechrau cerdded ac mae'n siŵr ein bod ni wedi mynd am rai milltiroedd cyn inni weld golau mewn rhyw dŷ. Fe aethon ni at y drws a ninnau yn dal yn ein tronsiau. Rhywsut neu'i gilydd fe ddeallodd dyn y tŷ ein bod ni angen tacsi ac ymhen hir a hwyr fe ddaeth un o rywle i fynd â ni'n ôl i'r gwesty.

Chawson ni byth ein dillad yn ôl. Dyna oedd ein cosb mae'n siŵr am ddrysu'r noson i bawb. Ond wna i byth anghofio'r gwyliau hwnnw yn Majorca.

Mi ges i dipyn o brofiadau fel *roadie* i grŵp Cymraeg yn nechrau'r saith degau. Drwy Gwyndaf Roberts (Ar Log ymhen rhai blynyddoedd wedyn) y cefais y gwaith pan oedd yn y Brifysgol ym Mangor. Mi ddois i'w adnabod drwy ferch yr oeddwn i'n ffrindiau efo hi yr adeg hynny, merch o'r un ardal ag o yn Sir Feirionnydd. Roedd Gwyndaf am ddechrau grŵp efo Arfon Wyn, gitâr a llais, Keith Snellgrove, drymiau, a John Gwyn, gitâr. Hwn oedd Yr Atgyfodiad. Doedden nhw ddim digon hen i logi fan a dyna pam y ces i'r job o'u gyrru nhw o gwmpas. Roeddwn i yn un ar hugain oed erbyn hyn.

Dwi'n cofio mynd i Goleg Trefeca yn Nhalgarth am y penwythnos i ryw ddigwyddiad crefyddol. Dyna fuasech chi'n ddisgwyl mae'n siŵr yn hen goleg Howel Harris! Ond Steddfod Genedlaethol Rhuthun 1973 sydd wedi aros yn fy nghof. Roedd Yr Atgyfodiad yn cynnal noson yn Ninbych a phwy oedd yno efo'i ddisco ond Mici Plwm yn edrych yn debycach i rywun o'r Beibl nag Arfon Wyn a'r criw! Ar wahân i'w wallt hir roedd ganddo fo gôt hir at ei draed 'run fath ag ecstra o *Joseph and His Amazing Colour Dream Coat*.

Pan oeddwn i'n sefyll wrth ei ymyl fe ofynnodd i mi fynd i nôl dwy botel o win iddo ac wedi imi wneud y gymwynas roedd o'n swigio'r gwin fel petai hi'n botel lemonêd. Doeddwn i ddim wedi gweld peth felly o'r blaen a dyna sut y gwnaeth argraff arna i mae'n siŵr. Fuasai

Mici byth yn cofio. Digon prin y byddai'n dymuno cofio a fynta wedi colli cymaint o bwysau'n ddiweddar!

Y noson fawr yr wythnos honno oedd noson gyntaf Edward H. Dafis, y grŵp wnaeth gymaint o wahaniaeth i'r byd roc Cymraeg. Y digwyddiad hwnnw roddodd gychwyn i bethau dwi'n meddwl ac wedyn fe ddaethon nhw'n enw mawr ymhlith y bobol ifanc. Ar lwyfan y pafiliwn y noson honno hefyd yr oedd Yr Atgyfodiad. Ddaethon nhw ddim yn gymaint o enw nes i rai ohonyn nhw ffurfio grŵp arall o'r enw Brân. Nest Howells oedd y ferch gawson nhw atyn nhw ac roedd cael merch i ganu'r math o gerddoriaeth oedd ganddyn nhw bryd hynny yn Gymraeg yn beth newydd iawn.

Cysgu yng nghefn y fan wnaethon ni yn Eisteddfod Rhuthun i gadw cwmni i'r gêr oedd gan y grŵp. Gan ein bod ni'n cael nosweithiau mor hwyr doedd cysgu yn un criw ddim yn drafferth achos ein bod ni i gyd wedi blino cymaint. Hwnnw ydi'r unig brofiad o gysgu yn y fan sydd wedi aros er i mi fod yn dreifio i'r hogia am ryw flwyddyn i gyd, blwyddyn oedd yn cynnig profiadau newydd i mi, yn cymysgu am y tro cyntaf efo criw o stiwdants a phobol oedd â diddordeb mewn canu Cymraeg.

Mi fûm i'n gweithio mewn amryw byd o lefydd yn ystod y dydd yn y cyfnod yma. Mi ges i waith yn ffatri Ferranti am ychydig cyn symud i siop ddillad Horesh ar Stryd Fawr, Bangor, i fod yn rheolwr cynorthwyol am dri mis. Naid wedyn i'r Sound Centre i ganol gitarau a drymiau ond yn fwy at fy nant, gitarau a thapiau. Pan oeddwn i'n gweithio yno roeddwn yn cyfarfod llawer oedd yn ymwneud â'r byd pop a dyna sut y ces i wybod am ddatblygiad newydd yn hanes y radio ym Mangor. Ar y pryd doeddwn i ddim yn sylweddoli y byddai hwn yn newid cwrs fy mywyd. Hogyn o'r enw Dave Fildes, oedd â disco ei hun, ddaeth i mewn ata i un diwrnod i ddweud bod 'na sôn eu bod am ddechrau radio ysbyty yn y C&A, Ysbyty Môn ac Arfon, a chwalwyd ymhen blynyddoedd i wneud lle i siop Safeway. Y peth cyntaf oedd raid iddyn nhw ei gael wrth gwrs oedd pwyllgor i gynnal pob dim ac i hwnnw fe ddaeth amryw o bobol oedd â diddordeb mewn radio. Roedd rhai yn gweithio'n barod i'r BBC a HTV ym Mangor — Roger Richards a Gareth Owen oedd yn ddynion camera, Medwyn Hughes a Paul Fisher oedd yn dechnegwyr efo'r BBC, i enwi dim ond rhai ohonyn nhw. Cael fy newis yn gadeirydd y pwyllgor codi arian wnes i a dwi'n cofio un o'r pethau cyntaf i mi ei wneud, sef trefnu raffl i'w gwerthu wrth ddrws yr ysbyty a'r wobr gyntaf yn £20. Ar wahân i hyn mi fyddwn i'n cynnal discos i gael ychwaneg o bres i brynu offer gwell na'r ychydig o ddarnau oedd gan rai o'r hogia. Digon ffwrdd-â-hi oedd y cyfan ar y dechrau ac roedden ni'n darlledu o un o'r stafelloedd lle'r oedd y nyrsus yn cael gwersi. Yn y diwedd roedden ni wedi dangos i bobol bwysig yr Awdurdod Iechyd ein bod ni ddigon o ddifri ynglŷn â'r gwasanaeth fel eu bod nhw'n fodlon rhoi carafan fechan inni i ddarlledu ohoni. Fe gafodd ei gosod yng nghefn yr ysbyty lle nad oedd fawr o neb yn medru ei gweld. Roedd hi'n fach i bobol fel Roger Richards, fu'n gadeirydd Radio Ysbyty Môn ac Arfon am flynyddoedd mawr. Mae Roger yn hogyn tal ac roedd yn gorfod gwyro'i ben yn isel wrth fynd drwy'r drysau. A doedd hi ddim yn hawdd i ambell un oedd yn cario pwysau go drwm gael lle i droi ynddi! Beth bynnag, i rywun fel fi, roedd y stiwdio yn un pen iddi yn gweddu i'r dim ac roeddwn yn teimlo'n glyd iawn bob tro y byddwn yn eistedd yn y gadair o flaen y ddesg lle'r oeddwn yn chwarae'r recordiau. Ar ôl dechrau darlledu i'r cleifion ar nos Sul yn unig fe aeth hi'n dair neu bedair noson yr wythnos cyn hir.

Unwaith bob chwe wythnos yr oeddwn i'n cael bod yn DJ yn y stiwdio leiaf y bûm i ynddi erioed siŵr gen i. Ond doeddwn i ddim yn gwybod yn well bryd hynny ac roedd cael darllen cyfarchion a chwarae recordiau i wrandawyr y C&A yn rhoi pleser mawr iawn i mi. Mi fyddwn i'n edrych ymlaen i gael bod o flaen y meic a dewis y recordiau yr oedd pobol yn gofyn amdanyn nhw. Radio Ysbyty Môn ac Arfon (Radio Ysbyty Gwynedd wedyn) oedd dechrau fy mherthynas glos efo radio a dyma ble ces i'r chwiw i fod yn DJ go iawn.

Roeddwn i'n cael cymaint o flas ar y gwaith — er mai gwirfoddol hollol oedd o — fel nad oedd dim arall ar fy meddwl ond gwneud y gwaith yn llawn amser. Mi welais i hysbyseb yn un o'r cylchgronau pop fod 'na gyrsiau hyfforddi DJ's yn Llundain. Roedd angen talu £100 i fynd ar y cwrs dau ddiwrnod ac mi ges i le i fynd i'r Roger Squire Disco Centre i weld oedd gen i ryw obaith o fod yn Tony Blackburn neu Kenny Everet. Tony Newman oedd yn gyfrifol am y stiwdio. Dyn blin iawn oedd Mr Newman a thipyn o *gon* oedd yr holl beth. Ond mi ges i wneud *demo-tape* er mwyn ei anfon i wahanol orsafoedd i chwilio am waith. Un peth oedd o'n ei ddweud oedd fod yn rhaid cael enw addas ar gyfer y gwaith. Pan glywodd mai Eifion oedd fy enw i roedd o'n bendant na ddylai enw felly fod yn agos i fyd y DJ's!

'Aven,' medda fo. 'That won't do. What about Ayden?'

Ac wrth edrych ar yr hogyn o'r enw Paul oedd yn ei helpu yn y stiwdio dyma fo'n penderfynu yn y fan a'r lle:

'That's it, Paul Ayden, that's your disc jockey name from now on.'

Fe ddwedodd wrtha i fod yr enw mor bwysig os oeddwn i am gael bachiad mewn unrhyw orsaf radio. Efallai ei fod yn rhoi'r un enw i bawb oedd yn mynd ato! Beth bynnag dyna oedd fy enw pan ges i gyfle i recordio tâp ohona i'n parablu a chyflwyno recordiau ar ddiwedd y cwrs. Yr un enw oedd ar y dystysgrif ges i i ddod adref efo fi i brofi fy mod i wedi cael hyfforddiant.

Mi wnes i gyfarfod Tony Newman ddeng mlynedd wedyn yn Radio City yn Lerpwl. Erbyn hynny roedd yn bennaeth cerdd yr orsaf ac yn ddyn go bwysig. Doedd ganddo fo ddim syniad pwy oeddwn i ond mi ddwedais i wrth rai o'r hogia oedd yno beth oedd o'n arfer ei wneud. Fe gawson nhw dipyn o hwyl wedyn yn tynnu ei goes. Y peth diwethaf imi glywed amdano oedd fod ganddo raglen ffonio i mewn yn hwyr y nos ar Red Rose yn Preston.

Wedi i mi gael y tâp ganddo yn Llundain wnes i fawr ddim yn ystod yr wythnosau dilynol ond anfon copïau o'r tâp i bob gorsaf y gwyddwn amdani gan holi a oedd gobaith am waith. Unwaith y byddai un wedi mynd byddai'r ateb *Dear John*, fel y bydda i'n eu galw, yn dod yn ôl. Ia, yr ateb yn ddieithriad oedd *NO*! Doedd dim byd yn tycio a doedd fawr ryfedd: mae'r tâp yn dal gen i a phan fydda i'n gwrando arno rŵan mae'n rhaid imi fod yn onest a dweud ei fod yn swnio'n uffernol o sâl!

Roedd rhai o hogia Radio C&A yn gwybod fy mod i'n awyddus i gael gwaith darlledu. Un noson fe soniodd Paul Fisher, oedd yn dechnegydd sain efo'r BBC ym Mangor, y dylwn gyfarfod Eurof Williams oedd yn gyfrifol am raglen Sosban. Gallai wrando arna i yn cyflwyno ychydig o ddisgiau. Dyma fynd i weld Eurof yn yr hen Fryn Meirion ac i stiwdio i fyny'r grisiau yr aethon ni. Dim ond bwrdd a meicroffon oedd yno a doedd 'na ddim cyfle i mi chwarae recordiau; Tudwal Roberts, un o ddynion sain profiadol y BBC ym Mangor, ac un o bobol Pen-rhos, oedd wrthi'n brysur y tu ôl i'r gwydr yn gwneud hynny achos dwi'n sôn rŵan am y cyfnod cyn i'r lle fynd yn *self-op* efo'r cyflwynydd yn siarad a gofalu am ei recordiau yr un pryd. Roedd yn rhaid imi gyflwyno pump neu chwech o ddisgiau heb weld dim un ohonyn nhw yn troi o'm blaen, profiad digon chwithig i mi, a minnau wedi arfer chwarae fy recordiau fy hun. Mae gen i gof o ddod allan o'r stiwdio yn teimlo nad oeddwn i wedi cael llawer iawn o hwyl arni ac Eurof Williams yn dweud wrtha i, heb lawer iawn o frwdfrydedd: 'Diolch yn fawr iawn. Fe rown ni wybod i chi os bydd na rywbeth ar gael.'

Chlywais i ddim byd ganddo wrth gwrs. Yn ystod y blynyddoedd ryden ni wedi taro ar ein gilydd yma ac acw a byddwn yn rhoi'r byd radio yn ei le bryd hynny. Ond ar ôl y cyfarfod cyntaf hwnnw bu'n rhaid i mi aros am ugain mlynedd arall bron cyn mynd yn agos i ddrysau Bryn Meirion wedyn!

Tra oedd hyn i gyd yn digwydd roeddwn i'n dal i weithio yn y Sound Centre. Ond doedd hynny ddim yn mynd i bara am byth. Roeddwn i wedi bod yno am flwyddyn a hanner pan fu raid i mi adael heb fawr o rybudd ar ôl cael ffrae efo'r bos. Mi es i mewn i'r gwaith ymhell iawn wedi naw o'r gloch un bore ar ôl noson hwyr iawn efo'r disco. Am fy mod i'n cael lot o waith ym mhob cyfeiriad yng nghanol y saith degau roedd y bore yn dod yn fuan iawn ar ôl nosweithiau hwyr a dim rhyw hwyliau mawr i godi i fynd i'r gwaith. Wedi cyrraedd yno roedd tempar reit flin a doedd hi ddim yn syndod i ni gael ffrae, a'r bos yn dangos y drws i mi. Cysylltiadau ddaeth i'm hachub i eto. Ar y pryd roedd fy mrawd yn chwarae pêl-droed i Fangor a'r rheolwr oedd Dave Elliot. Roedd wedi agor siop chwaraeon ym Mhorthaethwy ac ar fin agor un arall ym Mangor ac yn chwilio am weithwyr. Jyst y peth i mi efo fy niddordeb mawr mewn pêl-droed ac mi fûm i'n lwcus o gael y gwaith. Ei wraig a minnau oedd yn edrych ar ôl y siop yn rhan isaf y Stryd Fawr gan fod Dave ei hun wedi mynd i hyfforddi tîm pêl-droed Caerdydd. Dwi'n cofio llawer iawn o wynebau cyfarwydd yn dod i mewn i'r siop. Pan oedd yn dod i aros i Sir Fôn roedd Dennis Law yn galw i mewn efo'i fab i gael golwg beth oedd yn y siop. Doedd 'na ddim llawer er pan oedd wedi rhoi'r gorau i chwarae pêl-droed i Manchester United ac roedd yr hen galon yn dechrau cyflymu wrth weld rhywun mor enwog yn dod i mewn. Dyn tawel iawn oedd o, a byth yn tynnu sylw ato'i hun.

Dydwi ddim yn credu i mi werthu dim iddo erioed ond dwi'n cofio fy mod i wedi cael gwell lwc efo pêl-droediwr ifanc o Fôn. Mi werthais i bâr o 'sgidiau ffwtbol i Gareth Roberts, y cyflwynydd teledu erbyn hyn. Roedd o newydd chwarae i dîm ysgolion Cymru a fo a'i dad, J. O. Roberts, yn dod i mewn i chwilio am 'sgidiau a'r tad yn naturiol yn falch iawn fod ei fab wedi ennill ei gap dros Gymru. Dwi'n cofio cyfarfod Gareth wedyn ar ôl i'r ddau ohonon ni symud i Gaerdydd.

Y Brifddinas yn galw

Yn niwedd y saith degau roeddwn yn cynnal discos yng nghlwb cymdeithasol clwb pêl-droed Bangor. Yr adeg honno roedd mynd mawr ar y clwb ac fe gafodd ei alw yn Blewyn Glas ymhen ychydig. Mi ges i lawer o waith ganddyn nhw ac roedd hwnnw'n plesio gan fy mod i'n byw yn lleol a dim angen teithio'n bell efo'r gêr i gyd. Cadeirydd y clwb pêl-droed yr adeg honno oedd Charles Roberts a'i ffrind Colin Holt oedd yn trefnu'r discos. Roedd y ddau yn ffrindiau efo Mike Flynn oedd yn cynnal discos ac yn cyflwyno rhaglenni yn ardal Wrecsam. Cyn hir roedd yn ei throi am Gaerdydd i gymryd lle un o gyflwynwyr recordiau amlycaf Radio Wales, Dan Damon. Yn 1979 daeth enw Mike Flynn yn adnabyddus fel cyflwynydd rhaglenni recordiau canol y bore ar ôl i Dan Damon adael i weithio efo gorsaf newydd yng Nghaerdydd. Un o'r rhaglenni oedd gan y gwasanaeth Saesneg o Gymru oedd mynd o gwmpas y wlad i gyfarfod y bobol ac roedden nhw am ddod i Fangor. Trwy gysylltiadau'r clwb pêl-droed roedd Mike Flynn wedi sôn wrth y cynhyrchydd amdana i a'r disco. Y cynhyrchydd hwnnw oedd Vaughan Roderick, golygydd materion Cymreig BBC Cymru erbyn hyn, ac roedd yn awyddus i mi a Ronnie Aggett o'r grŵp League of Gentlemen fynd ar y rhaglen i drafod recordiau.

Rhaglen fyw oedd hi ac mi gafodd y ddau ohonon ni eitha hwyl efo Mike Flynn yn dweud ein barn am rai o'r recordiau diweddaraf. Record gan y canwr o Gaerdydd, Shakin Stevens, oedd un. Doedd neb ohonon ni'n meddwl y buasai *Hot Dog* yn cyrraedd y brig ond ymhen dim roedd hi'n uchel yn y siartiau! Be' oedden ni, a be' yden ni'n wybod am bop?! Wedi inni ddod 'oddi ar yr awyr', fel mae'r darlledwyr gorau'n dweud, roeddwn i'n sgwrsio efo Vaughan Roderick am ei hanes yn y byd darlledu pan ofynnodd i mi oedd gen i ddiddordeb mewn gwaith radio amser llawn. Wrth i'r holl lythyrau o'r gorffennol fflachio o flaen fy llygaid yn gwrthod cyfle i mi mewn gwahanol orsafoedd, yr ateb ar ei ben oedd 'Oes!'

'Mae Dan Damon yn chwilio am rai i weithio yn CBC,' meddai Mike Flynn ar ein traws. 'Gyrra dâp ato fo.'

Ar ôl iddo adael y BBC, Dan Damon oedd cyfarwyddwr rhaglenni yr ail orsaf fasnachol i gael ei sefydlu yng Nghymru. Wedi i mi anfon tâp iddo roedd yn amlwg fod y Cardiff Broadcasting Company wrthi'n chwilio am gyflwynwyr achos ymhen dim ar ôl i'r tâp gyrraedd roedd Dan ar y ffôn yn gofyn i mi fynd i Gaerdydd i'w weld. O'r diwedd roeddwn wedi mynd gam ymhellach na'r llythyr *Dear John* roeddwn i'n arfer ei gael yn ateb.

Er mai i'r oposisiwn yr oedd Mike Flynn yn gweithio roeddwn yn ei adnabod yn ddigon da i gael aros noson yn ei fflat yng Nghaerdydd er mwyn mynd i weld Dan Damon drannoeth. Doeddwn i erioed wedi cyfarfod Dan o'r blaen, dim ond wedi ei glywed yn cyflwyno ei raglen recordiau ar Radio Wales ac yn meddwl fod ganddo lais darlledu arbennig o dda, a doedd ei chwaeth gerddorol ddim yn ddrwg chwaith! Mi ges i ddiwrnod difyr iawn yn ei gwmni yn gweld lle'r oedd yr orsaf newydd i fod ac yn clywed am y cynlluniau oedd ganddyn nhw ar gyfer pobol Caerdydd.

Doedd hon ddim i fod fel gorsafoedd eraill ac roedd yr IBA wedi rhoi'r drwydded i grŵp o bobol leol oedd â syniadau mawr am radio cymuned. Pobol fusnes oedd eu hanner nhw a'r hanner arall yn perthyn i'r Cardiff Radio Trust. David Williams oedd y cadeirydd ac roedd pobol fel Alun Michael ac Euryn Ogwen Williams ar y bwrdd. Dyma, medden nhw, oedd y radio oedd yn eiddo i'r bobol. Y bobol fyddai'n cael cyfle i ddefnyddio'r radio ar gyfer eu pwrpas eu hunain. Fe fydden nhw'n cael gwneud rhaglenni fyddai'n helpu gwahanol gymdeithasau. 'Access radio' oedden nhw'n ei alw. Os felly roedd hi i fod, felly roedd hi i fod, a fedrwn i ddim dweud llawer achos doedd gen i ddim profiad o radio proffesiynol.

Wnaeth o ddim cynnig gwaith i mi yn y fan a'r lle. Roeddwn i braidd yn siomedig na fuaswn i wedi cael gwybod yn syth beth oedd y sefyllfa. Fe ddaeth pethau'n gliriach wedi i mi fynd yn ôl i Fangor a derbyn llythyr ymhen ychydig ddyddiau yn dweud eu bod am imi gyflwyno dwy raglen dros y Sul. Un o'r rhaglenni fyddai mynd allan ar fore Sadwrn i ganol Caerdydd i dynnu tipyn o sylw atom ein hunain. Y cyflog fyddai £60 yr wythnos. Doedd yr arian ddim cymaint â'r hyn roeddwn i wedi ei ddisgwyl ac roeddwn i'n ofni y byddai fflat yng Nghaerdydd yn mynd â'r rhan fwyaf o 'nghyflog. Ond wedi ystyried y peth, a meddwl y medrwn ennill 'chwaneg wrth wneud discos yn rhai o'r clybiau efallai, roedd y cynnig yn rhy dda i'w wrthod. Wedi'r cwbwl, hwn oedd y brêc yr oeddwn i wedi bod yn ei ddisgwyl ac mi fyddwn yn wirion iawn yn ei wrthod. Hynny neu aros i weithio yn siop Dave Elliot ym Mangor.

Chwe wythnos ar ôl derbyn y cynnig roeddwn wedi symud i Gaerdydd i ddechrau paratoi ar gyfer y rhaglenni cyntaf. Roedd CBC yn mynd ar yr awyr yn Ebrill 1980. Ym mis Mawrth y ces i wybod eu bod am i mi gyflwyno mwy na'r rhaglenni dydd Sadwrn: doedd dim sôn am hynny pan ges i'r llythyr gwreiddiol yn cynnig gwaith i mi. Am ryw reswm roedden nhw wedi penderfynu mai fi fyddai'r cyflwynydd bob dydd o chwarter wedi un tan hanner awr wedi pedwar. Ar nos Iau a nos Sadwrn mi fyddwn yn cyflwyno rhaglen Gymraeg. Doeddwn i erioed wedi cyflwyno rhaglen Gymraeg ar wahân i ychydig geisiadau yng nghanol rhaglen Saesneg ar Radio Ysbyty Môn ac Arfon. Yn Saesneg hefyd y byddai'r disco i gyd pan fyddwn yn mynd allan.

Beth oeddwn i am ei ddefnyddio fel enw? Gan gofio cyngor Tony Newman yn Llundain roedd yn rhaid cael enw oedd yn ffitio'r cyfrwng. Oeddwn i am ddal ati dan enw Paul Ayden? Wedi meddwl yn hir am y peth, ac am fy mod i'n mynd i gyflwyno rhaglenni Cymraeg, dyma benderfynu anghofio cyngor Mr Newman a chadw at fy enw fy hun, Eifion Jones. A wnaeth neb yng Nghaerdydd erioed boeni amdano.

Am chwarter wedi un ar Ebrill 11, 1980 roeddwn i'n darlledu'n fyw am y tro cyntaf. O'r diwedd roedd y diwrnod mawr wedi cyrraedd ac roedden ni'n cael dechrau arni ar ôl *dry runs* diddiwedd am bythefnos. Roedd o'n dipyn o ddigwyddiad ac roedd y wasg, y teledu a radio'r BBC yn cymryd diddordeb mawr yn yr hyn oedd yn digwydd. Fe ddaeth Gareth Glyn o'r Post Prynhawn ym Mangor ar y ffôn er mwyn cael gair â'r boi bach o Fangor oedd wedi dechrau ar ei waith yn CBC!

Disg gan y Detroit Emeralds oedd y gyntaf i mi ei chwarae, *Working my way back to you*, oedd yn hit fawr yr wythnosau hynny. Cyn hynny roedd hi wedi bod yn llwyddiant i'r Four Seasons. Cadw golwg ar symudiadau'r siartiau oedd un o'r pethau pwysig yn y gwaith. Doedd hynny ddim yn anodd o gwbwl i mi gan fy mod i'n eu dilyn yn fanwl bob wythnos ers blynyddoedd beth bynnag, ac yn dal i wneud.

Ar y dechrau roedd 'na gyfle i bobol brynu a gwerthu ar yr awyr ac mae galwad gan un wraig o'r Barri yn dal i wneud i mi gochi wrth feddwl amdani. Pan ddaeth hi ar y lein mi ddechreuais holi dipyn amdani ac am ei theulu.

'*I've got four children,*' medda hi.

'*What does your husband do?*'

'*I'm not married. They've all got different fathers.*'

Fe fu 'na lot o lyncu poeri, credwch fi. Doeddwn i ddim yn gwybod sut i fynd ymlaen ac i ble i arwain y sgwrs. Mi lwyddais i ddod allan ohoni rywsut ond roedd yn dangos mor ddibrofiad oeddwn i a pha mor ofalus oedd rhaid bod efo'r bobol oedd yn ffonio i mewn.

Un o'r rhai oedd yn dechrau yr un adeg â fi yng Nghaerdydd oedd Siân Lloyd, Siân Lloyd S4C wedyn cyn iddi ddod yn enw cyfarwydd i wledydd Prydain i gyd wrth gyflwyno'r tywydd ar ITV. Roedd hi'n gweithio yn ystafell newyddion CBC yn syth ar ôl gadael y coleg a hi oedd yn cyflwyno'r rhaglenni Cymraeg efo fi ddwywaith yr wythnos. Fe ddaethon ni'n ffrindiau da ac fe fyddwn ni'n cael sgyrsiau difyr am yr hen amser pan fyddwn ni'n cyfarfod ein gilydd, mewn sioeau neu eisteddfodau fel rheol.

Mae'n rhyfedd cymaint o enwau cyfarwydd eraill oedd yn gweithio yn CBC ar y dechrau. Vaughan Roderick oedd un. Roedd o wedi newid ochr erbyn hynny ac yn cyflwyno rhaglen yn y pnawn. Roedd Andy Bell yno hefyd yn ohebydd ac yn darllen bwletinau Cymraeg. Wedi dysgu Cymraeg yr oedd Andy ar ôl iddo ddod i Gymru yn fyfyriwr. Fe aeth at Swansea Sound wedyn cyn symud at y BBC yn Abertawe ac yna codi ei bac am Awstralia yn niwedd yr wythdegau. Mae o i'w glywed weithiau yn siarad o Sydney ar Radio Cymru.

Andy Bell oedd yn darllen y newyddion pan ges i fy ysgwyd i'r byw gan yr hyn oedd yn y bwletin un noson. Fi oedd yn cyflwyno'r rhaglen pan ddaeth y newydd pwy o Gaerdydd oedd wedi ei ladd gan gar ar ôl gêm rygbi yn Nulyn. Yn y bwletin cynharach doedd neb wedi ei enwi. Wnes i ddim cymryd llawer o sylw bryd hynny ond mi ges i fy nychryn pan glywais i'r enw. Cemlyn, cyfyrder i mi oedd o. Doeddwn i ddim wedi ei weld am flynyddoedd nes i mi ddechrau gweithio yng Nghaerdydd ac roedd hi'n goblyn o sioc eistedd yn fan'no yn clywed ei enw. Cario 'mlaen wedyn oedd yn anodd. Roedd yn deimlad uffernol gorfod chwarae recordiau a chanol-bwyntio ar y rhaglen a meddwl am Cemlyn.

Dau o hogia'r byd chwaraeon ddaeth i weithio i'r orsaf yn fechgyn ifanc oedd Gareth Charles, sy'n ohebydd rygbi BBC Cymru ers tro, ac Ian Gwyn Hughes, y gohebydd pêl-droed. Fe ddaeth at CBC yn syth o'r coleg i ddarllen y newyddion. Ar y dechrau roedd rhyw chwarter awr o newyddion bob nos. Dwi'n cofio Emrys Jones, y dyn sy'n dilyn hanes y teulu brenhinol, yn gweithio efo ni am ychydig hefyd. Y pennaeth newyddion oedd Phillip Longman a aeth i weithio i Radio 4 wedyn. Y cownt diwetha glywais i amdano oedd ei fod efo News 24, rhaglenni newyddion teledu sydd gan y BBC ar loeren.

Mi ddysgais lawer gan Mark Williams o Faesteg. Roedd ganddo brofiad helaeth ar orsafoedd BRMB a Beacon Radio ac wedi bod yn Awstralia a Chanada cyn dod yn ôl i Gaerdydd i ofalu am y sioe frecwast. Gwneud pethau yn yr hen ffordd gydag acen Americanaidd oedd Mark a doedd hynny ddim yn tycio yn CBC am eu bod nhw am rywbeth mwy sidêt. Mi ges i lawer o help hefyd gan Dan Damon ond mae'n debyg mai'r un a ddysgodd fwyaf i mi oedd Michael Bukdt o'r Radio Broadcasting School yn Llundain. Yr un dyn ydi o â Michael Barry sydd wedi bod yn *chef* ar y teledu. Fo oedd wedi dechrau Capitol Radio, y radio annibynnol gyntaf yn Llundain i chwarae pop, ac roedd ynglŷn â dechrau Classic FM wedyn. Fe adawodd Capitol i sefydlu ei ysgol ddarlledu yn Soho ac yno yr es i i gael gwersi, ac mae gen i'r parch mwyaf iddo ers y dyddiau hynny. Roedd o'n un o'r rhai gorau erioed i mi gydweithio â fo. Mae un frawddeg a ddywedodd o bryd hynny wedi glynu yn fy nghof:

'*Make radio for the people who are listening, not the people you would like to have listening to you.*'

Roedd ei eiriau yn wers i mi ac rydwi wedi trio eu cofio yn fy ngwaith ers hynny. Mae 'na ormod o bobol yn gwneud rhaglenni i'r rhai fuasen nhw'n licio meddwl eu bod yn gwrando, nid y rhai sydd *yn* gwrando.

Dydwi ddim yn siŵr beth fuasai o wedi ei ddweud am yr hyn a wnaeth un arall o gyflwynwyr CBC, na wna i mo'i enwi. Roedd wedi cael y gwaith o wneud rhai o raglenni gwyliau'r orsaf, y rhaglenni oedd yn bosib eu trefnu, bryd hynny beth bynnag, i gael wythnos am ddim yn yr haul. Fe drefnodd i fynd i Malta ac wedi cyrraedd yno wnaeth o ddim byd o gwbwl ar gyfer y rhaglen, dim ond mwynhau ei hun yn y tywydd braf ar gost un o'r cwmnïau gwyliau. Wrth gwrs roedd rhaglen yng Nghaerdydd yn disgwyl ei gyfraniad ond doedd ganddo ddim gair ar dâp. Sut roedd o'n mynd i achub ei groen lliw haul? Cysylltu â theulu Maltaidd yn Abertawe oedd y syniad gafodd o. Mynd â nhw i ochrau Penrhyn Gŵyr i'w holi am Malta a'u recordio nhw yn sŵn y môr a'r gwylanod i gael blas yr wythnos o wyliau yr oedd wedi mwynhau cymaint arni! Dwi ddim yn cofio i lawer o neb sylwi ar y gwahaniaeth ond roedd rhai ohonon ni'n gwybod yn iawn am y twyll.

Y peth diwetha i mi ei glywed am y cyflwynydd arbennig hwnnw oedd ei fod wedi mynd i Dde Affrica i weithio yn ddigon pell o'r Môr Canoldir a Chymru.

Mi fûm i'n lwcus iawn o gael cyfarfod llawer iawn o bobol a grwpiau enwog wrth weithio yng Nghaerdydd. Wrth gael cyfle i'w holi mae rhywun yn cael golwg arall ar y rhai sydd i'w gweld ar y telibocs neu ar lwyfan. Mi ges i ddau gyfweliad efo Lenny Henry, er enghraifft. Roedd o'n cyflwyno *Tiswas* ar y pryd. Pan ddaeth i mewn roedd yn foi hawdd iawn cymryd ato ac yn ymddwyn yn eithaf parchus, ond unwaith yr oedd y meicroffon yn agor roedd o'n newid i fod yn gymeriad hollol wahanol i'r hyn ydi o mewn gwirionedd. O 'mlaen i'n fan'no roedd wedi newid o fod yn Lenny Henry preifat i chwarae rhan y Lenny Henry sydd ar y bocs ac yn clownio rêl boi. Mi ges i lawer o hwyl yn ei gwmni.

Roedd Michael Barrymore wedyn yn hollol wahanol. Doedd o ddim yn fodlon ymlacio i gael ei holi. Bob tro yr oeddwn yn gofyn cwestiwn roedd yr atebion yn rhai swta heb ddim cig o gwbwl arnyn nhw. Oherwydd ei fod yn cynnig cyn lleied fe fu'n rhaid i mi roi'r gorau i'r sgwrs yn llawer cynt na'r bwriad. Er ei fod o'n ddyn digon clên y teimlad oedd rhywun yn ei gael oedd ei fod yn swil a ddim yn hoffi cael ei osod o flaen meicroffon i ateb cwestiynau. Roedd Phil Cool ac Annie Lennox yn debyg iawn ac mi ges i'r un profiad efo nhw. Ond doedden nhw ddim mor anodd eu trin â Nick Hayward o grŵp yr Haircut 100. Nhw oedd i fod y Beatles newydd. Fe ddaeth i mewn i gymryd rhan mewn cystadleuaeth efo ychydig o blant. Yn naturiol, roedd yn ddigwyddiad mawr iddyn nhw ac roedden nhw am gael tynnu ei lun. Fe wrthododd iddyn nhw wneud ac fe aeth pethau'n ddigon anodd. Roedd yn rhaid i mi gael gair yn ei glust a gofyn iddo beidio â bod mor annifyr. Diolch byth fod 'na rai eraill oedd yn llawer haws eu trin ac yn fodlon ateb cwestiynau'n hwyliog braf. Roedd hi'n bleser cael bod yno'n cyfweld Max Bygraves a Val Doonican, dau efo digon o straeon i gadw pawb yn hapus am oriau 'tae raid. Bryd hynny roedd bywyd cyflwynydd gweddol ddibrofiad yn haws o lawer.

Anghofia i byth y sgwrs ges i efo Jimmy Tarbuck. Roedd o wedi gwneud ei waith cartref ac wedi deall 'mod i'n dod o ogledd Cymru. Y peth cyntaf ddwedodd o wrtha i oedd: *'How's Orig?'*

Roeddwn i wedi clywed am Orig Williams ond doeddwn i ddim yn ei 'nabod o yr adeg honno. Yr unig beth fedrwn i feddwl fel ateb oedd:

'I think he's fine. Do you know Orig?'

A dyna pryd y dechreuodd yr hen Tarbie barablu. 'Nabod Orig? Wrth gwrs ei fod yn ei 'nabod o! Pan oedd o'n *redcoat* yn Butlins, Pwllheli yn y chwedegau roedd o wedi bod yn chwarae pêl-droed i dîm Orig. Yn Butlins yr oedd Jimmy Tarbuck wedi bwrw ei brentisiaeth cyn cael ei fachu i droedio llwyfan y London Palladium.

'Will you tell Orig when you see him that I'm still waiting for the money!'

Wedyn mi aeth ymlaen i ofyn i mi sut oedd Walter Williams o Benmaen-mawr — y diweddar erbyn hyn. Roeddwn i'n ei gofio am ei fod yn enw mawr yn y byd pêl-droed ar lannau'r gogledd pan oeddwn i'n hogyn.

'You can tell Walter as well that I wasn't paid for playing for Penmaen-mawr either!'

Oedd, roedd y sgwrs efo Tarbie yn hwyl hen ffasiwn. Mae'n syndod gymaint y mae pobol fel y fo a Ken Dodd yn ei wybod am ogledd Cymru, ac yn fodlon sôn am eu profiadau. Rhaid i mi ddweud 'mod i wedi mwynhau'r hwyl yn arw iawn efo Mr Tarbuck ac wedi cael sgwrs y bu i bawb arall ei mwynhau hefyd.

Achlysur cwbl wahanol oedd hwnnw ar ôl i John Lennon gael ei saethu'n farw. Fi oedd yn cyflwyno'r rhaglen bnawn ar CBC ac fel roedd hi'n digwydd bod roedd y Searchers o Lerpwl, a ffrindiau mawr i'r Beatles, yn perfformio yng Nghaerdydd. Ar yr union ddiwrnod, yn rhyfedd iawn, roedden nhw wedi cael eu bwcio i ddod i mewn ata i i siarad. Doedd 'na ddim byd arall i'w drafod ar y fath ddiwrnod yn hanes y byd roc. Roedden nhw, fel pawb arall y diwrnod hwnnw, yn methu credu fod y fath beth wedi digwydd. Dyna beth oedd profiad a hanner, cynnal sgwrs emosiynol iawn efo aelodau grŵp oedd yn 'nabod John Lennon mor dda ers y dyddiau cynnar. Fe adawodd y pnawn hwnnw ei ôl arna i fel un o brofiadau mawr fy mywyd.

Cymeriad mwyaf yr orsaf, heb amheuaeth, oedd y peiriannydd Martin Newton. Fe fyddai'n dewis caneuon i Fadge y gath ddychmygol, y math o record yr oedd o'n meddwl y buasai'r gath yn falch o'i chlywed. Yn aml iawn roedd wedi dewis y ddisg ar ôl bod yn y Great Western drwy'r pnawn! Oherwydd ei hoffter o dreulio'i amser yn y tŷ potas roedd wedi dyfeisio ffordd i ni gysylltu â fo pan oedd angen gwneud hynny, yn enwedig os oedd rhywbeth wedi mynd o'i le. Er mwyn cael gafael arno y peth i'w wneud oedd rhedeg i fyny i dop yr adeilad lle'r oedd wedi gosod dyfais gyda botwm coch arni. Dim ond gwasgu'r botwm hwnnw oedd angen ei wneud a gweiddi:

'*Radio House calling engineering, Radio House calling engineering!*'

Rhywsut neu'i gilydd roedd wedi perswadio'r Great Western y byddai'n syniad da gosod *speaker* tu ôl i'r bar er mwyn iddo gael clywed y negeseuon. Unwaith y byddai'r waedd am help yn cyrraedd ei glustiau byddai'n cydio yn ei *walkie-talkie* a chysylltu'n ôl â'r orsaf, a'i eiriau bob tro oedd '*What's the problem?*'

Os oedd 'na rywbeth oedd yn rhy ddyrys i'w ddatrys dros y ffôn fe fyddai'n gadael ei beint ar y bar a dod i mewn i helpu. Dwi'n cofio bod yn y Great Western fy hun — wedi gorffen gweithio wrth reswm — yn clywed y floedd o'r *speaker* a phawb yn cael hwyl fawr wrth glywed y geiriau '*Radio House calling engineering!*'

Roedd ein bywyd ni'n troi o gwmpas clybiau a thafarnau, a hyd yn oed i drafod gwaith CBC gyda'r nos, i ryw far y bydden ni'n mynd. Wel, doedden ni i gyd yn ifanc, ac os nad oedden ni'n mynd i'r Great Western roedden ni'n mynd i'r Philharmonic. Wedyn, i mi, bag o tsips yn Caroline Street ac adref.

Mae'n rhaid imi gyfaddef iddi gymryd tipyn o amser i mi ddygymod â Chaerdydd. Doeddwn i erioed wedi byw oddi cartref o'r blaen ac roedd yn newid mawr i mi. Ond mi wnes i setlo a chael gwaith hefyd yng nghlybiau nos Bananas a Fatsos ac ychydig yn y Top Rank. Bananas oedd y clwb i fynd iddo am mai dyna'r lle roedd hogia rygbi a phêl-droed Caerdydd yn ei gefnogi yr adeg hynny. Mi ddois i'n ffrindiau efo Gary Bennett a oedd yn chwarae i Gaerdydd cyn iddo symud i Coventry a chwarae yn y *Cup Final* yn erbyn Tottenham Hotspurs yn 1987. Phil Swarez oedd dyn CBC yng ngemau Caerdydd; roedd yn gweithio amser llawn efo ni cyn iddo fynd yn ymgynghorydd ariannol. Mi fyddwn i'n cael mynd efo fo i Barc Ninian i weld y gemau ac ymhen rhyw flwyddyn roedd gen i raglen chwaraeon fy hun.

Pan adawodd Dan Damon wedi cyfnod caled yn gosod yr orsaf ar ei thraed fe gawson ni bennaeth rhaglenni newydd, David Lucas o Sain Abertawe. Doedd y ffigurau gwrando ddim wedi bod yn rhy dda a dim ond 30 y cant yn gwrando pan oedd gorsafoedd annibynnol eraill yn cael dwywaith yn rhagor. Erbyn heddiw byddai 30 y cant yn ffigwr gwerth ei gael, felly mae'n debyg nad oedd pethau cynddrwg ag yr oedd pawb yn gredu bryd hynny. Ond roedd 'na broblemau ariannol ac er mwyn denu hysbysebion roedd yn rhaid profi fod y gwrandawyr am droi aton ni. Roedd yn rhaid apelio mwy atyn nhw gan nad oedd yr *access radio* yn amlwg yn gweithio.

Yn fuan wedi i David Lucas ddechrau fe ddaeth gwaredigaeth. Stwff gwyn yn bentyrrau a ddaeth i'n helpu: yn syml iawn, eira. Fe gafodd ardal Caerdydd ei tharo'n ddrwg gan eira trwm 1982 a phobol yn ofni mynd allan o'u tai am fod cymaint ohono o gwmpas eu drysau ac ar y ffyrdd. Yr union beth i gadw pobol yn ddiddig dan y fath amgylchiadau oedd y radio a dyna pryd y sylweddolodd gwrandawyr Caerdydd fod 'na werth i'r radio oedd yn canolbwyntio ar eu cymuned. Am y tro cyntaf roedd rhai o bobol y ddinas yn troi at CBC i glywed am y tywydd a'i effeithiau. Pobol yn byw ar eu pen eu hunain oedd llawer ohonyn nhw ac yn methu gadael y tŷ i fynd i'r siop i chwilio am fwyd. Roedd gynnon ni lein gymorth iddyn nhw gael ein ffonio i ofyn a fedrai rhywun eu helpu. Dwi'n credu mai hon gadwodd Gaerdydd a'r Barri efo'i gilydd yn ystod y tywydd hwnnw. O safbwynt yr orsaf fe ddaeth yr eira i'w hachub a phobol yn gweld o hynny ymlaen fod 'na werth i'r radio. Hwn oedd y gwasanaeth iddyn nhw.

Efo Dan Damon a'i wraig Sheila yr oeddwn i'n aros pan es i yno gyntaf nes imi gael lle fy hun. Fe lwyddodd Mike Miller a minnau i ddod o hyd i gyfrifydd oedd yn chwilio am ddau i rannu tŷ efo fo yn Spring Gardens Place yn Y Sblot. Americanwr oedd Mike wedi dod o Independent Radio News yn Llundain i weithio yn CBC. Mae o wedi dringo reit uchel erbyn hyn. Fo ydi comisiynydd chwaraeon Channel Four. Ganddo fo y clywais i gyntaf erioed am *peanut butter* — doedd o ddim i'w gael ar dost ym Mhen-rhos! Pan glywais i Mike yn sôn amdano i ddechrau roeddwn i'n meddwl mai menyn efo cnau oedd o. Mi ddois i fedru ei roi ar dost ymhen hir a hwyr.

Fe fu'r ddau ohonon ni'n rhannu efo Chris Roberts, y cyfrifydd, am ryw ddwy flynedd nes inni symud i Marlborough Road. Dwi'n credu bod pawb sydd wedi symud i Gaerdydd wedi byw yn y stryd honno rywbryd neu'i gilydd. Yno aton ni, wedi iddo adael ei wraig, y daeth Dan Damon. Welais i neb erioed yn cyrraedd efo ces mor fach. Doedd ganddo ddim llawer mwy nag oedd ganddo amdano.

'Mi a i nôl y gweddill rŵan,' medda fo, ar ôl gadael ei ges yn y tŷ. A'r gweddill oedd caets mawr a dwy gwningen ynddo fo. Fe fu'n byw yn y stafell i fyny'r grisiau efo'r caets a'r cwningod a fawr ddim arall.

Pan gafodd David Lucas y gwaith yn lle Dan Damon mi ges i'r job o fod yn bennaeth cerddoriaeth, gwaith oedd yn golygu bod yn gyfrifol am yr holl recordiau oedd yn cael eu chwarae ar raglenni'r orsaf. Dau oedd yn cydweithio efo fi oedd Eddie Puma, a ddaeth o Capitol Radio yn Llundain, lle'r oedd yn bennaeth cerdd, a Wil Waldron, Sgowsar oedd wedi bod yn astudio'r gyfraith yng Nghaerdydd cyn mynd yn gyflwynydd radio (mae o'n *QC* yn Lerwpl erbyn hyn!). Mewn sgwrs rhyngon ni fe glywson ni fod Eddie wedi cael cynnig trio am job cynhyrchydd ar Radio 1 a'r frawddeg fawr oedd y byddai yn dod yn ôl i chwilio amdanon ni unwaith y byddai wedi cael y gwaith efo'r BBC.

Chafodd o mo'r job! Ond fel 'na mae'r byd darlledu yn medru bod — nabod y bobol iawn yn y llefydd iawn sy'n cyfri. Mae o wedi croesi 'meddwl i sawl tro, beth petai o wedi cael y gwaith efo Radio 1, a fyddai o wedi gofyn i mi fynd i gyflwyno? Yn sicr roedden nhw'n chwilio am waed newydd yr adeg hynny gan eu bod nhw wedi cael tri i ddechrau o'r newydd — Pat Sharpe, Gary Davies a Janice Long. Pwy a ŵyr, petai Eddie Puma wedi mynd at y BBC, efallai y byddai Wil Waldron a minnau efo Pat Sharpe a'r lleill!

Mi gefais gynnig arall i fynd i Lundain hefyd. Roy Shepherd y tro yma yn rhoi her a dweud beth am inni fynd i'r ddinas fawr i weld sut buasen ni'n gwneud. Roedd arna i ofn mentro ond fe wnaeth Roy. Mae o'n dal yn Llundain yn sgrifennu llyfrau ac yn lleisio hysbysebion a rhaglenni teledu ac yn cael ei gyfri yn un o'r *top voice overs* yn y busnes. Dyna fo, does dim diben edrych yn ôl. Fe fu Roy yn lwcus; efallai y byddai pethau wedi bod yn wahanol i mi.

Fyddai hi ddim yn iawn rhoi'r argraff fod pethau wedi mynd yn esmwyth yn CBC. Fe gawson nhw drafferthion mawr o'r diwrnod cyntaf. Er bod y syniad o *access radio* a radio cymunedol yn un gwych ynddo'i hun nid Caerdydd oedd y lle iawn i gael y math yma o orsaf. Yn anffodus doedd dim digon o ysbryd cymdeithasol yn y ddinas i gynnal gwasanaeth felly. Roedd yn lle rhy fawr ar gyfer yr hyn oedd ganddyn nhw mewn golwg. Mae'n ddigon posib eu bod nhw yn trio'n rhy galed a dim yn plesio digon o bobol yn y diwedd. Efallai y byddai wedi gweithio'n llawer gwell mewn lle llai. Ond nid Caerdydd oedd y lle, a'r hyn oedd pobol y brifddinas am ei gael oedd gorsaf radio wirioneddol annibynnol.

Er nad oeddwn i'n ddigon profiadol bryd hynny i wybod yn well, peth od iawn oedd cael rhywun fel fi efo acen ogleddol i gyflwyno rhaglenni yn y de-ddwyrain. Fedrai hynny ddim bod yn lles i ddenu gwrandawyr a chreu'r argraff fod yr orsaf yn perthyn iddyn nhw. Roedden nhw'n nes ati wrth gael Mark Williams o Faesteg i gyflwyno'r rhaglenni cynnar yn y bore ac Alan Taylor *(Mr and Mrs)* ar ddydd Sul, hen law oedd yn gwybod sut i siarad â'i gynulleidfa. Roedd yn werth cael sgwrs bob amser efo Alan Taylor a gwrando ar ei hanesion difyr.

Er gwaetha'r ffaith 'mod i'n ogleddwr ac yn gymharol ddibrofiad, yno y bûm i am dair blynedd a hanner. Mi ges i brentisiaeth werth chweil yn ystod y cyfnod a dysgu llawer am bobol, y gwaith o gyflwyno recordiau a'r ochr dechnolegol. Cyn hynny doeddwn i erioed wedi gweithio dan amodau stiwdio go iawn. Fyddwn i ddim wedi bod heb y profiadau hynny am y byd yn grwn. Serch hynny, fe ddaeth yn amser ffarwelio â'r brifddinas.

Dadlau ynglŷn â fy enw

Does 'na fawr yn aros yn llonydd yn hir ym myd y radio. Wedi i mi fod yn CBC am dair blynedd roeddwn wedi gweld newid mawr yng nghanol yr holl boeni am ddyfodol yr orsaf. Fe ddaeth y newid mwyaf o'm safbwynt i yn 1983 pan adawodd David Lucas, y rheolwr gyfarwyddwr, am Guildford a Phil Miles yn ymuno â County Sound. Yn eu lle daeth Geoff Winston o Devon Air, gorsaf fasnachol oedd wedi bod y llwyddiannus iawn yn Nyfnaint.

Roedd o'n amlwg am ysgwyd CBC i'w seiliau ac roedd rhywun yn synhwyro fod y gwynt yn troi. Un peth oedd am ei gael oedd sŵn gwahanol iddi ac roedd hynny'n golygu cael pobol wahanol i wneud y sŵn hwnnw. Pa ddyfodol felly oedd i rywun fel fi? Y teimlad oedd ei fod am ddod â'i bobol ei hun i chwarae'u rhan yn y CBC newydd. Fel 'na mae'r busnes yn gyffredinol, yr un fath â phêl-droed pan fydd rheolwyr yn symud o un clwb i'r llall.

Cyn i Geoff Winston gyrraedd roedd dau ddyn o'r gogledd wedi dod i Gaerdydd i weld sut roedd yr orsaf yn gweithio. Roedden nhw wedi ennill y drwydded i gynnal radio annibynnol yng ngogledd-ddwyrain Cymru ac yn llawn brwdfrydedd ynglŷn â'r gwasanaeth newydd oedd am gael ei ganoli yn ardal Wrecsam. Hon oedd gorsaf Sain y Gororau (Marcher Sound) a fyddai ar yr awyr cyn diwedd y flwyddyn. Nid yn unig roedden nhw'n mynd i ddarlledu i ardal Wrecsam ond, wedi iddyn nhw gael caniatâd yr Awdurdod Darlledu Annibynnol (IBA), roedd dinas Caer a threfi Whitchurch a Chroesoswallt dros y ffin yn Lloegr yn mynd i fod o fewn y cylch darlledu. Am y tro cyntaf roedd gorsaf fasnachol yn mynd i wasanaethu ardaloedd mewn dwy wlad ac roedd hynny yn codi cwestiynau ynglŷn â faint o Gymraeg y gellid ei gynnwys.

Cyn-weithwyr dur a dynion busnes oedd wedi dod at ei gilydd i ffurfio'r cwmni. Roedd hi'n adeg digalon iawn yng ngogledd-ddwyrain Cymru oherwydd fod cymaint o weithwyr dur wedi colli eu gwaith yn sgîl penderfyniad Llywodraeth Mrs Thatcher i gau gwaith Shotton. Wedi cyfarfod ei gilydd wrth gael eu hailhyfforddi yr oedd y gweithwyr dur ac wedi penderfynu gwneud prosiect ar y syniad o sefydlu gorsaf radio. Wedyn fe gawson nhw bobol fusnes atyn nhw i'w helpu. Y cadeirydd oedd Arglwydd Evans o Claughton a Martyn Thomas QC yn is-gadeirydd. Roedd Mr Thomas — Arglwydd Thomas o Gresford erbyn hyn — yn flaengar efo'r Blaid Ryddfrydol yn Wrecsam. O'r tri chwmni oedd yn ceisio am y drwydded doedd fawr neb yn credu bod ganddyn nhw obaith. Fe gafodd pawb ei syfrdanu — gan gynnwys y cyn-weithwyr dur — pan gyhoeddwyd mai nhw oedd yn llwyddiannus. Er mor annisgwyl oedd hyn, mae'n siŵr fod y datblygiad yn hwb mawr i ardal oedd wedi dioddef yn enbyd oherwydd polisi'r Llywodraeth.

Harold Martin, rheolwr gyfarwyddwr y cwmni, a Ken Penrhyn Jones, un o griw'r gweithwyr dur, ddaeth i Gaerdydd. Pan glywson nhw 'mod i yn dod o'r gogledd roedd ganddyn nhw ddiddordeb mawr i wybod beth oedd barn Eifion Jones am symud yn ôl yno. Wnes i ddim ateb eu cwestiwn ar ei ben, dim ond awgrymu y gallen ni gysylltu â'n gilydd rhyw dro eto.

Yn fy nghalon roeddwn i'n gwybod ei bod yn amser i mi symud o CBC. Erbyn hynny cyflwyno rhaglenni rhwng pump ac wyth o'r gloch y bore oeddwn i a doedd y codi cynnar — llawer iawn cyn pump — ddim yn dygymod â mi. Yn fwy na hynny, doeddwn i ddim yn cytuno â'r hyn oedd Geoff Winston yn trio'i wneud a fedrwn i ddim cyd-weld â'i syniadau. Yn fy marn i, er nad oedd neb yn debyg o wrando llawer arna i, doedd o ddim yn mynd â hi y ffordd iawn. Efallai 'mod i'n iawn yn y diwedd achos fe aeth y ffigurau gwrando i lawr ac i lawr yn y ddwy flynedd nesaf. Wrth gwrs, roedd ganddo bob hawl i redeg pethau fel roedd o'n gweld orau, ond doeddwn i ddim yn gefnogol i'w syniadau.

Wrth lwc doedd y ddau o Marcher ddaeth i Gaerdydd am dro ddim wedi anghofio amdana i. Fe ddaeth yr alwad ffôn yn gofyn oedd gen i ddiddordeb symud i gyffiniau Wrecsam. Ar y trên â fi a Ken Penrhyn Jones yn dod i 'nghyfarfod i cyn mynd â fi am ginio er mwyn cael sôn am eu cynlluniau a dod i wybod mwy amdana i, mae'n siŵr. Wedyn mynd â fi i weld adeilad newydd sbon yr orsaf ym mhentref Gwersyllt, yr enw sy'n cael ei gam-drin fwyaf yn yr ardal drwy gael ei alw'n Gwyrsylt. Doedd hi ddim yn arferiad yr adeg hynny i gael adeilad newydd ac roedd y gorsafoedd oedd wedi dechrau yn y blynyddoedd cynt wedi ail-wneud hen gapeli neu eglwysi i ddarlledu ohonyn nhw. Hen warws oedd gan CBC er enghraifft. Yr hyn oedden nhw'n ddweud wrtha i oedd fod 'na orsaf arall yn bartneriaid efo nhw ac mai syniad y rheiny oedd codi adeilad pwrpasol i Marcher.

A bod yn onest, roedd eisiau saethu pwy bynnag a

feddyliodd am y fath beth, achos mi aeth y cwmni i gymaint o ddyled cyn mynd ar yr awyr fel ei fod wedi ei sigo'n ariannol. O, roedd pob dim diweddaraf ganddyn nhw.

'Mae gynnon ni system gyfrifiadurol yma,' medden nhw. Yn 1983 doedd gen i ddim clem beth oedd hynny yn ei olygu. Ar wahân i swnio'n dda roedd pob dim felly yn lleidr arian a phan ddaeth hi'n amser dechrau darlledu doedd 'na fawr iawn o bres ar gael.

Er mai'r gweithwyr dur oedd yn cael y sylw mawr am gynnig syniad radio masnachol i ogledd-ddwyrain Cymru, cyn iddi fynd ar yr awyr roedd un ohonyn nhw wedi ffarwelio â'r pwyllgor. Erbyn diwedd yr ail flwyddyn o ddarlledu roedd y cyfan ohonyn nhw wedi eu gwasgu allan.

Mi adewais i Gaerdydd ar y trên ar nos Sul. Doedd gen i ddim car i boeni amdano, ond dydi Wrecsam ar nos Sul, unrhyw adeg o'r flwyddyn, ddim y lle mwyaf croesawus. Mi gyrhaeddais y tu allan i orsaf Wrecsam heb y syniad lleiaf ble'r oeddwn i'n mynd i aros y noson honno. Wrth weld un tacsi yn y stesion dyma fi amdano a gofyn iddo fynd â fi i westy.

'There's only one in town,' medda fo.

'Mae'n rhaid i hwnnw wneud y tro felly,' meddwn innau. Yn od iawn, rhyw dri diwrnod wedyn mi welais y dyn tacsi eto a dweud fy mod i'n dal i chwilio am le i aros er mwyn imi gael mynd o'r gwesty. Yn lwcus iawn, roedd o'n gwybod am rywun oedd yn cadw fflatiau yng Nghoed-poeth a fan'no fûm i'n aros tra oedden ni'n rhoi Marcher ar yr awyr.

Pennaeth cerddoriaeth a dirprwy reolwr rhaglenni oeddwn i, yn ail i Ivor Godfrey Davies. Fo oedd y pennaeth rhaglenni, yn gyfrifol am y math o bethau oedd yn cael eu darlledu bob dydd. Wedi dod o Radio City yn Lerpwl yr oedd Ivor. Roedd gan yr orsaf honno siâr fawr ym Marcher a thrwy'r Awdurdod Darlledu Annibynnol fe gawson nhw'r hawl i ddarlledu rhaglenni am ddim gyda'r nos o'r orsaf yn Lerpwl. Fe gawson ni dipyn o gyngor ganddyn nhw ar gyfer rhaglenni'r dydd hefyd.

Cyn i mi adael Caerdydd roedd Ivor Godfrey Davies wedi gofyn i mi gael gair ag Aled Lewis Evans. Gan eu bod yn bwriadu darlledu rhywfaint o raglenni Cymraeg rhwng chwech a saith yn y nos roedden nhw angen cyflwynydd. Roedd Aled yn un o'r rhai oedd wedi dangos diddordeb gan fod ei gartref yn yr ardal. Ond yng Nghaerdydd yr oedd o pan drefnais i'w gyfarfod mewn caffi un diwrnod. Am ryw reswm, dwi'n cofio cael pastai corn biff a phaned o de wrth sgwrsio efo Aled am ei hanes a'i ddiddordeb mewn gwaith radio. Fedrwn i ddim dweud wrtho oedd o'n mynd i gael y gwaith nes i mi gael gair ag Ivor Godfrey yn Wrecsam. Fe fyddai Aled yn fy ffonio bob yn ail ddiwrnod i wybod oedd o wedi cael y gwaith neu beidio. Yn y diwedd fe gafodd yr ateb yr oedd o wedi bod yn disgwyl amdano. 'Ale', fel y byddwn i'n ei alw, oedd cyflwynydd yr hanner awr o Gymraeg am chwech o'r gloch bob nos, ac, ar ôl rhyw flwyddyn, yr awr o Gymraeg. Mae Aled yn hogyn talentog iawn ac mae'n resyn nad ydio'n dal i ddarlledu. Athro yn Ysgol Morgan Llwyd ydi o erbyn hyn.

Yng Ngorffennaf 1983 y daethon ni at ein gilydd i ddechrau — Ivor Godfrey Davies, Paul Mewis, y pennaeth newyddion, a minnau. Dwi'n dal yn ffrindiau efo Paul. Mae o'n gweithio i HTV ers tro ac yn dal i gofio'r dyddiau caled gawson ni efo'n gilydd ar y dechrau yng Ngwersyllt. Doedd yr arian ddim yn llifo i gynnal y sioe am fod cymaint wedi ei wario ymlaen llaw ar sefydlu'r lle, a heb arian roedd hi'n gythreulig o anodd.

Fe gawson ni dipyn o waith cael hyd i gyflwynwyr. Mae'n gofyn bod yn ofalus wrth chwilio am rywun i gyflwyno adeg brecwast achos os nad ydech chi'n cael cyflwynydd sy'n apelio yn y bore rydech chi'n mynd i golli gwrandawyr am weddill y dydd wedyn. Dave Fewster gafodd y gwaith ond roedd dod o hyd i gyflwynydd canol y bore yn anos o lawer. Wythnos cyn mynd ar yr awyr y cawson ni Pete Griffin o Gaer i ddod aton ni. Y fi fyddai wrthi wedyn o ddau tan chwech. A chlywodd pobol Wrecsam a'r Gororau mo'r enw Eifion Jones o gwbwl. Roedd 'na reswm da am hynny — dyn o'r enw Martin Bennett. Cyn inni ddechrau darlledu, Mr Bennett ddaeth yno yn rheolwr gyfarwyddwr a doedd ganddo ddim syniad am Gymru, a llai am y Gymraeg. Pan glywodd yr enw Eifion Jones fe grychodd ei dalcen yn syth ac roedd yn amlwg ei fod yn meddwl fy mod wedi cyrraedd o'r lleuad neu rywle. Wedi deall mai enw Cymraeg oedd o doedd ganddo mo'r mymryn lleiaf o gydymdeimlad er ein bod ni'n gweithio yng Nghymru. Os oeddwn i gael darlledu ar Marcher roedd yn rhaid i mi newid fy enw. Fyddai pobol ochrau Caer byth yn medru dygymod ag enw mor Gymreigaidd.

Yng nghanol y miri am yr enw mi gofiais am yr hen gyfaill Tony Newman o'r cwrs DJ yn Soho a sut roedd o wedi dweud fod yn rhaid i mi gael enw gwahanol i Eifion. Oeddwn i am fynd yn ôl at Paul Ayden? Na, plis, roedd tair blynedd yng Nghaerdydd wedi gwneud i mi anghofio y boi hwnnw oedd yn mynd o gwmpas efo'i

ddisco! Wedi crafu pen am ychydig mi gynigiais yr enw
Adrian, oedd yn ddigon tebyg i'r Ayden ac eto'n wahanol.
Roeddwn yn awyddus i gadw'r Jones achos 'mod i am
i'r gwrandawyr wybod mai Cymro oeddwn i. Doedd 'na
ddim mwy naturiol na chael Cymro yn darlledu i rannau
o ddwy wlad oedd mor agos at ei gilydd.

Fe gytunon ni ar Adrian ac o hynny ymlaen Adrian
Jones oedd y cyflwynydd efo'r un llais yn union ag Eifion
Jones yng Nghaerdydd ychydig wythnosau ynghynt.

Ym mis Medi 1983 yr aethon ni ar yr awyr wedi deufis
anodd iawn yn paratoi. Ken Dodd oedd yno i agor yr
orsaf yn swyddogol. Er ei fod o'n ddyn o Knotty Ash
roedd ganddo gysylltiad â Chymru hefyd ac yn medru
ynganu enwau Cymraeg fel Gwersyllt yn well na'r rhan
fwyaf o bobol Wrecsam. Adeg y rhyfel roedd wedi bod
yn faciwi ym Mhenmachno ac wedi dod yn gyfarwydd
â'r Gymraeg cyn mynd yn ôl i Lerpwl. Roedd hi'n hwyl
cael rhywun fel y fo i ddod i mewn i godi dipyn ar ein
calonnau ni. Fedrwch chi ddim bod yn isel yn hir os ydi
Ken Dodd o gwmpas. Wedi cyfnod mor galed roedd hi'n
rhyddhad cael dechrau darlledu. Ar ddiwedd y diwrnod
cyntaf dwi'n cofio eistedd gyda Paul Mewis yn swyddfa
Ivor Godfrey Davies a Paul yn dweud wrtho ein bod ni
wedi llwyddo i roi cychwyn arni beth bynnag.

'Yes, make the most of it,' meddai hwnnw, 'It's not going
to get any better.'

'Thank you very much, Ivor!' meddai'r ddau ohonon
ni efo'n gilydd.

Er i mi gael cytundeb ar yr enw doeddwn i ddim yn
gweld lygad yn llygad â Martin Bennett. Yn un peth,
roedd yn rhy wrth-Gymreig i mi. Pan benderfynodd roi
system gôd a chardiau yn yr adeilad fe eglurodd ei fod

yn gwneud hynny er mwyn rhwystro'r *extremists* i ddod i mewn a meddiannu'r lle. Wnaeth o ddim dweud *Welsh extremists* ond dyna oedd o'n feddwl achos roedd ganddo baranoia am y Cymry yr adeg honno.

Doedd dim gobaith iddo gael llawer o gefnogaeth tra oedd ganddo fo stafell efo *executive shower and toilet* yn cymryd chwarter yr adeilad a phawb arall yn gweithio mewn rhyw gornel gyfyng. Dyn y siwtiau Armani oedd Mr Bennett, yn ei lordio hi o gwmpas y lle ac yn ffansïo'i hun fel tipyn o Omar Sharif dwi'n meddwl. Fe allech chi sgwennu ar gefn bocs matsis beth oedd o'n wybod am radio ond roedd o'n siaradwr da, yn medru dweud y pethau iawn yn y llefydd iawn, a phobol felly oedd yn mynd yn eu blaenau.

Fe aeth hi'n ddrwg iawn rhyngon ni un diwrnod. Yn y newyddion ym mhob man ar y pryd roedd y stori fawr fod Sarah Keys yn disgwyl babi Cecil Parkinson. Yn naturiol, efo dyn mor uchel yn y Llywodraeth doedd dim posib cadw stori felly'n ddistaw. Er nad oedd a wnelo fi ddim byd â newyddion yr orsaf roedd yn amhosib peidio cymryd diddordeb mewn newydd mor jiwsi. Beth wnes i ar fy rhaglen yn y pnawn ond chwarae cân *You're having my baby* gan Paul Anka. Y stori fawr gan Martin Bennett y diwrnod wedyn oedd fod pobol wedi ffonio yn cwyno 'mod i wedi chwarae'r gân i gyd-fynd â'r newyddion am Cecil Parkinson a'i ysgrifenyddes. Mi ges i 'nghosbi drwy gael fy nhynnu oddi ar yr awyr am bythefnos a'm rhybuddio'n swyddogol ar bapur. Mae cael eich atal am ddiwrnod yn dipyn o garchar ond roedd pythefnos yn teimlo fel oes. Pythefnos oedd hi i fod a phythefnos fu hi. Mi ofynnais i'r ferch oedd yn ateb y ffôn oedd 'na lawer wedi cwyno. Doedd neb wedi ffonio o gwbwl, meddai hi. Mae'n siŵr gen i 'mod i wedi cyffwrdd rhyw nerf bersonol neu wleidyddol yn rhywle am fy mod i wedi cyfeirio at y fath beth. Serch hynny, mi ddechreuais ar fy ngwaith eto ar ôl y saib ddiflas yn fy hanes. Ymhen sbel wedyn roedd Mr Bennett yn gadael. Dim ond am naw mis y medrodd ddygymod â'r lle, naw mis beichus o hir cyn belled ag yr oeddwn i'n bod.

Doedd hi ddim yn gyfnod da i sawl gorsaf radio annibynnol a llawer iawn heblaw Marcher yn ei chael yn anodd i ddenu hysbysebion. Er gwaetha'r cwbwl doedd y ffigurau gwrando ddim yn ddrwg. Wedi blwyddyn a hanner yn y gwaith fe benderfynodd Ivor Godfrey Davies adael ei swydd a fi gafodd y gwaith o fod yn bennaeth rhaglenni ar ei ôl. Roedd hynny'n golygu rhoi'r gorau i ddarlledu yn y pnawniau a chadw oddi wrth y meic. Boi o'r enw Dave Luck ddaeth i gyflwyno yn fy lle, a hynny ar adeg pan oedd hi'n wasgfa ariannol difrifol yn hanes yr orsaf. Yn llythrennol, doedd dim pres ar ôl ac roedden ni ein hunain yn gorfod mynd allan i brynu papur tŷ bach a'r ysgrifenyddes yn glanhau'r biniau. Doedd gynnon ni ddim digon o bres i brynu papur sgwennu ac ar gefn hen ddatganiadau i'r wasg y bydden ni'n paratoi'r bwletinau newyddion.

Serch hynny, fyddech chi byth yn synhwyro pa mor galed oedd hi wrth wrando ar y gwasanaeth. Ond roedd sôn bob dydd yn y cyfnod hwnnw am rywun gwahanol yn mynd i'n cymryd ni drosodd neu fod pethau ar ben ar Marcher Sound. Rhywsut neu'i gilydd, roedd y staff yn dal yn ffyddlon i ni, pobol fel Tom Bodden, sy'n gweithio i'r *Daily Post* yng Nghaerdydd erbyn hyn. Tom oedd un o'r newyddiadurwyr gorau i mi gael y fraint o weithio efo fo. Mae rhai o'r hogia eraill — James Bond, y pennaeth chwaraeon, oedd yn gorfod dioddef llawer oherwydd ei enw, a Bob Platt, yn gweithio efo Radio 5 y BBC ers tro a Roy Hill yn gweithio i'r BBC hefyd. Yn amlwg, roedd gan yr orsaf weithwyr medrus ond dim digon o arian i'w cynnal.

Bob bore Sadwrn roedd Andy Young yn dod o Warrington i gyflwyno'i raglen. Roedd o'n gwneud tipyn efo radio ysbyty yn y dre honno ar wahân i ddod i Wrecsam unwaith yr wythnos. Mae un o'r rhai oedd yn ei helpu bryd hynny wedi dod yn enw mawr iawn erbyn heddiw. Hogyn ifanc oedd Chris Evans yng nghanol yr wyth degau ond roedd wedi cael blas ar waith radio yn yr ysbyty yn Warrington. Ac i ddysgu mwy am y gwaith fe fyddai'n dod i Marcher efo Andy Young ambell fore Sadwrn. Dwi'n ei gofio'n dod yn hogyn tua phymtheg oed, er doedd ganddo fawr i'w ddweud wrthon ni. Ychydig iawn o'i bersonoliaeth oedd yn dod i'r golwg wrth iddo gadw llygad ar yr hyn oedd yn digwydd yn y stiwdio ar fore Sadwrn. Mae'n anodd credu fod y Chris Evans distaw hwnnw wedi dod yn seren mor siaradus a bywiog ar radio a theledu! Fe aeth ymlaen o radio ysbyty i Radio Piccadilly ym Manceinion cyn cael ei ddenu i Lundain.

Un arall dwi'n ei chofio yn cael ei phig i mewn i'r busnes yw Anthea Turner, cyflwynydd cyntaf y rhaglenni loteri. Gweithio i AA Roadwatch oedd hi i ddechrau yn darllen newyddion y ffyrdd i Radio Stoke. Wedyn mi gafodd ei joban gyntaf efo radio annibynol Signal Radio yng nghanolbarth Lloegr. Ffrind i mi, John Evington, oedd y pennaeth. Hi oedd yn edrych ar ôl y llyfrgell a'r ochr hyrwyddo. Dwi'n ei chofio yn fy ffonio i weld ble roedden ni'n cael crysau T a phethau tebyg ac yn holi am y prisiau. Doedd hi ddim yn darlledu yr adeg honno.

Ond pan symudodd ei chariad Bruno Brookes o Radio Stoke i Radio One fe aeth hi efo fo i Lundain. Ac ers hynny fe wyddon ni ei bod hi wedi dod yn enw llawer mwy adnabyddus na Bruno Brookes!

Er bod rhai fel Anthea Turner a Chris Evans yn gwybod amdanon ni roedd 'na bryder o hyd am ddyfodol Marcher. Yn 1985 fe ddigwyddodd yr hyn yr oedd Ivor Godfrey Davies wedi ei fygwth ar y diwrnod cyntaf: fe gymerodd Radio City drosodd a chael gwared â'r hogia dur i gyd. Unwaith iddyn nhw wneud hynny dyma nhw'n ailfeddwl a thynnu allan wedyn. Mae'n siŵr gen i eu bod nhw wedi gweld fod y ddyled yn fwy nag oedden nhw'n sylweddoli. Efallai mai chwarae rhyw gêm oedden nhw ac wedi meddwl y buasen nhw'n cael y lle am ddim.

Yng nghanol y trafferthion i gyd fe ddaeth dyn newydd i'r fei o nunlle rywsut. Hwn oedd Godfrey Williams, dyn busnes o Wrecsam oedd yn ffrindiau efo Martin Thomas, is-gadeirydd y cwmni. Cyhoeddi papurau a chylchgronau yn y dref oedd ei waith ac fe ddaeth aton ni am flwyddyn i weithio am ddim er mwyn cael trefn ar y cwmni. Chwilio am arian i'n cynnal ni oedd ei waith mwyaf a dyna pryd y cymerodd rhyw gwmni o Awstralia ddiddordeb yn y lle ar ôl iddyn nhw brynu rhan o'r London Broadcasting Company (LBC). Fe ddaeth un o ddynion y cwmni i 'ngweld i un diwrnod ac o'r funud y cyrhaeddodd o roedd yn gwbwl amlwg nad oedd yn deall llawer am yr ardal. Roedd yn rhaid i mi egluro iddo fo ei bod yn amhosibl mynd o gwmpas Wrecsam a Chaer mewn car agored yn y gaeaf!

Fe aeth y drafodaeth efo'r Awstraliaid ymlaen am fisoedd a ddigwyddodd dim yn y diwedd. Chiltern Radio o Luton oedd y rhai nesaf i ddangos eu trwynau a Colin

Mason, oedd wedi bod yn bennaeth rhaglenni Sain Abertawe cyn hynny, o gwmpas y lle am wythnosau. Dwi'n credu eu bod nhw wedi camu i mewn dros gyfnod pan oedd pethau'n dynn iawn ac wedi codi'n calonnau pan oedd mawr angen hynny. Ond fuon nhw ddim yno'n hir iawn. 'Fyddwn ni ddim yn eu gweld nhw eto,' meddai rhywun, a doedden ni ddim yn gofyn pam.

Ar ddechrau 1986 roedd yn gyfnod drwg iawn i mi. Gadawodd dau o'r gweithwyr ac roedd gan Godfrey Williams syniadau oedd yn groes i'r graen i mi. Wrth gwrs, yn nes ymlaen fe ddaeth enw Godfrey Williams yn amlycach pan ddechreuodd roi lle i ddysgu Cymraeg ar yr orsaf. Wedyn daeth yn aelod o Fwrdd yr Iaith Gymraeg. Digwyddodd y rhan fwyaf o hyn pan oeddwn wedi gadael a mynd dros y ffin i weithio a chael fy swydd gyntaf gan y BBC. Ond mae'n rhaid i mi ddweud, oni bai fod Godfrey Williams wedi dod i'r fei pan wnaeth o fyddai Marcher ddim yn bod heddiw. Fe gadwodd yr orsaf i fynd drwy gyfnodau anodd ac mae'n rhaid parchu hynny. Er nad yden ni wedi gweld lygad yn llygad bob amser mae gen i barch mawr iddo ac mae o yn fy mharchu i. Yn ei ffordd ei hun mae o'n caru'r cwmni.

Mae'n gymeriad cryf a lliwgar, yn llawn hyder ac yn llawn syniadau er ei fod yn medru bod yn anodd ei drin ar adegau. Eto, i unrhyw un sydd mewn trwbwl mae o'n medru bod yn ffrind da a'r cyntaf i helpu fel arfer. Hogyn Wrecsam go iawn, a chewch chi ddim gwell cwmni dros beint! Marstons Bitter bob tro!

Dros y ffin am y tro cyntaf

Rhywle yn fy nghalon byth ers imi fynd i Fryn Meirion, Bangor i Eurof Williams fy nghlywed yn perfformio roedd 'na ryw awydd i gael gwaith efo'r BBC. Mae 'na deimlad o hyd fod joban yn y BBC yn fwy parchus na radio lleol annibynnol. Pan oeddwn i wedi cael digon yn Marcher daeth cyfle i fynd dros y ffin i weithio. Mi ges i waith cytundeb *freelance* efo Radio Shropshire, radio lleol y BBC yn Yr Amwythig. Roedd hyn yn golygu fy mod i'n cael gweithio i'r BBC yng Nghanolbarth Lloegr. Hwn oedd yr agoriad i mi geisio profi fy hun yn y BBC. Ac yn ddistaw bach, wrth fynd i Loegr, roeddwn i'n meddwl y byddai gen i well gobaith o gael gwaith yn ôl yng Nghymru — ar Radio Wales. Roeddwn i'n meddwl mwy am Radio Wales yr adeg honno: doeddwn i ddim yn meddwl bod fy arddull i yn siwtio Radio Cymru. Fe fyddai rhai'n dweud nad ydio ddim heddiw chwaith!

Mynd at Radio Shropshire i gynhyrchu rhaglenni oedd y syniad. A dweud y gwir, amrywiaeth o waith heb fod yn cyflwyno. Roedd arnyn nhw angen rhywun i edrych ar ôl eu sioeau byw ar y ffordd gan eu bod nhw wrthi'n gwella'r gwasanaeth yn 1986. Rhan arall o'r gwaith oedd cael trefn ar y gerddoriaeth oedd ganddyn nhw a hefyd cynhyrchu rhaglenni newydd gyda'r nos. Bryd hynny roedden nhw'n rhoi'r gorau i ddarlledu am wyth o'r gloch y nos. Y syniad newydd oedd llenwi'r oriau o wyth tan hanner nos. Roedden nhw am i mi fod yn gyfrifol am y rhaglenni hynny a rhoi cyflwynwyr newydd drwy'u pethau. Ar ben hyn i gyd — ydyn, mae gorsafoedd lleol am gael gwaed ohonoch chi os medran nhw — y fi fyddai'n edrych ar ôl eu system o 'drelio' rhaglenni. Hwn ydi gair y busnes am dynnu sylw'r gwrandawyr at beth sy'n mynd ar yr awyr ar yr adeg a'r adeg. Mae hwnnw'n waith pwysig ddifrifol ym mhob gorsaf gan fod angen gwneud yn siŵr fod y gwrandawyr yn gwybod beth sydd ar eu cyfer y diwrnod hwnnw neu'r diwrnod wedyn.

Er nad oedd gen i lawer i'w ddweud wrth yr ardal mi ges i flas mawr ar y gwaith am y saith neu wyth mis cyntaf. Gan fy mod i wedi bod yn gaeth y tu ôl i feicroffon yn cyflwyno am flynyddoedd cynt roedd yn newid mawr i mi gael bod yn ddigon pell oddi wrtho. Dan ofal ardal y 'Midlands' yr oedd yr orsaf ac weithiau mi fyddwn yn cael mynd i lawr i Lundain i wneud rhaglenni fyddai'n mynd allan ar orsafoedd eraill y BBC yng Nghanolbarth Lloegr.

Crwydro o gwmpas efo un o newyddiadurwyr amlwg yr ardal roddodd y pleser mwyaf i mi yn y cyfnod yma. Roedd Gordon Riley yn cael ei drin fel duw a phawb yn ei barchu oherwydd ei ddawn sgrifennu a darlledu. Doedd o mo'r dyn clenia ar wyneb daear ac fe allai fod yn flin ac anodd ei drin ar adegau. Yn ei gwmni o y bûm i'n crwydro drwy'r 'Midlands' yn cynhyrchu cyfres o ugain rhaglen *Riley Remembers*. Cofio hanes y rhan hon o Loegr yn y pedwar a'r pum degau oedd y cynnwys. Wrth gymryd blwyddyn ar y tro, gan ddechrau yn 1939, roedden ni'n cyrraedd 1959 erbyn y diwedd. Dod o hyd i bobol yn cofio'r blynyddoedd yr oedden ni a Gordon Riley yn sgwrsio efo nhw am eu hatgofion adeg y rhyfel ac ati. Wedi mynd yn ôl i'r orsaf mi fyddwn i'n dod o hyd i ddeunydd o'r archifau i gyd-fynd â'r sgyrsiau ac yn dewis cerddoriaeth addas i blethu efo'r geiriau. Pecynnu'r cyfan yn dynn oedd y syniad ac roedd rhaglen wedi ei gwneud y ffordd yma yn beth gweddol ddiarth i orsaf leol. Dibynnu ar record a sgwrs, record a sgwrs oedden nhw'n amlach na pheidio. Fe gafodd y gyfres ei darlledu drwy Ganolbarth Lloegr ac fe gafodd dderbyniad da ac mi ges innau bleser anghyffredin yn ei gwneud.

Os oedd Gordon Riley yn dipyn o lond llaw ar adegau fedrwn i ddim dod ar draws neb mwy gwahanol na Billy Wright, y pêl-droediwr cyntaf i ennill cant o gapiau dros Loegr. Yn amlwg, doedd yr enwogrwydd ddim wedi mynd i'w ben ac roedd o'n ŵr bonheddig, parod iawn i gydweithio'n ddidrafferth. Un o Ironbridge, Sir Amwythig, oedd o'n wreiddiol a dyna pam yr es i ar ei ôl i wneud rhaglen ddogfen amdano. Gan ei fod wedi chwarae i Wolves a Lloegr, ac wedi priodi un o'r Beverley Sisters, roedd ganddo ddigon i'w ddweud. Fe aeth i America i chwarae efo Lloegr pan gollson nhw o un gôl i ddim. Ar y pryd roedd hynny'n goblyn o sioc fel petai Sir Fôn wedi curo Brazil! Un peth oedd o'n gofio am America yn fwy na dim arall oedd darganfod caneuon Perry Como a dod â'i recordiau adref. Daeth y llais i'w glyw pan oedd yn cerdded ar hyd un o strydoedd Efrog Newydd. Fe gafodd ei swyno gan y gerddoriaeth oedd yn dod o un o'r siopau recordiau. 'Pwy ydi'r crwner 'na sy'n canu?' gofynnodd i rai ar y stryd. 'Perry Como,' oedd yr ateb. 'Dwi rioed wedi clywed amdano,' medda fo. Fe aeth i mewn ac fe gafodd weld recordiau'r canwr oedd ar werth. Fedrai o ddim meddwl dod o America hebddyn nhw, a fo mae'n debyg oedd un o'r rhai cyntaf i ddod â recordiau'r canwr ar draws y dŵr.

Wrth gwrs, siarad am bêl-droed wnaethon ni fwyaf. Roedd o'n chwerthin wrth sôn am Puskas a'r gêm lle collodd Lloegr yn Wembley yn erbyn Hwngari o 5-3. Hwn oedd y tîm gorau fu gan Hwngari erioed a Puskas yn feistr ar drin y bêl, yn ei thynnu o'r llinell a Billy Wright yn llithro ar ei ben ôl heibio'r dyn heb obaith ei chael oddi arno. Puskas wedyn yn taro'r bêl i'r gôl. 'Bob tro maen nhw'n dangos y gêm honno dyna'r clip sy'n cael ei ddangos,' medda fo. A fedrai o wneud dim ond chwerthin wrth weld ei hun yn sglefrio ar ei ben ôl heibio Puskas. Dyn annwyl iawn oedd Billy Wright ac roedd yn fraint fawr cael bod yn ei gwmni. Roeddwn i'n drist iawn pan glywais ei fod wedi marw.

Mewn rhaglen arall wnes i ar gyfer BBC Midlands mi ges i sgwrs eithriadol o ddifyr efo Denny Laine, prif leisydd y grŵp Moody Blues pan gawson nhw hit fawr efo'r gân *Go Now* yn y chwe degau. Yn y saith degau fe aeth at Paul McCartney a'r grŵp Wings. Wedi gweld mor llwyddiannus oedd y Moody Blues roedd Brian Epstein yn awyddus iawn i'w cael nhw o dan ei adain efo'r Beatles a Cilla Black. Fe ofynnodd iddyn nhw fynd i'w gyfarfod yn ei dŷ yn Llundain ac mi aethon fel roedden nhw wedi trefnu. Wrth iddyn nhw gyrraedd roedd golau ym mhob man yn y tŷ ond er iddyn nhw gnocio a chnocio chawson nhw ddim ateb. Fe aethon nhw at y drws cefn. Doedd neb yno chwaith i agor y drws iddyn nhw. Diolch yn fawr iddo fo, medden nhw, am wneud tro mor sâl â nhw. Yn y papur drannoeth y gwelson nhw'r newydd ei fod wedi marw.

Wedi i Denny Laine a Clint Warwick adael y Moody Blues fe ddaeth Justin Hayward a John Lodge yn eu lle. Hit gyntaf y grŵp newydd oedd *Nights in White Satin*.

Fe ddywedodd Justin Hayward wrtha i mewn sgwrs arall nad ydio erioed wedi cael ceiniog am y gân. Wrth siarad â hen roc-a-rolyr ymhell cyn i bawb ddod i wybod amdani fe lwyddodd hwnnw i'w berswadio y byddai'n werth iddo werthu'r gân iddo fo. Fe gafodd £150 amdani. Pan fydd hi'n cael ei chwarae ar yr awyr fydd y cyfansoddwr gwreiddiol yn cael dim am ei drafferth; mae'r cyfan yn mynd i hen rocar adnabyddus o'r chwe degau!

Tipyn o siom oedd cael yr alwad un diwrnod i fynd yn ôl i gyflwyno. Roedd cyflwynydd Radio Shropshire yn y bore, Colin Young, yn gadael a chyflwynydd y pnawn yn cymryd ei le. Felly roedd lle gwag yn y pnawn ac roedden nhw'n meddwl ei bod hi jest y peth i mi. Ar ôl llai na blwyddyn o waith cynhyrchu roeddwn y tu ôl i'r meic eto, a doeddwn i ddim yn cael cymaint â hynny o bleser ohono, er i mi fod wrthi am ddwy flynedd a hanner.

Mae un sgwrs ges i rhyw bnawn yn dal i wneud i mi chwerthin. Wedi gofyn cwestiwn ynglŷn â siaradwr cyflym yn gweiddi ar dop ei lais oeddwn i gan ddisgwyl yr ateb Murray Walker. Doedd gan y ddynes ar y ffôn ddim clem beth oedd yr ateb. Dyma hi'n gofyn am gliw.

'Mae na gysylltiad â'r byd chwaraeon,' meddwn i. Distawrwydd. Fe ofynnodd am gliw arall. Yn sydyn dyma feddwl am y mint.

'Fe allwch ei roi yn eich ceg.'

'Dickie Davies,' medda hi'n syth!

Yn Radio Shropshire rhyw ddiwrnod cefais alwad ffôn o'r dderbynfa yn dweud fod 'na ryw *scruffy man* am fy ngweld i. Pan es i i'w weld, roedd y dyn yn edrych yn ddigon blêr mewn hen drênars, jîns di-raen a hen grys T. Ond pwy oedd o ond Robert Plant, prif leisydd y grŵp Led Zeppelin, un o sêr roc mwya'r byd. Erbyn hynny roedd yn byw yn Kidderminster ac wedi dod heibio'r orsaf am sgwrs. Dyn oriog oedd o a doedd hi ddim yn hawdd ei holi ond fe aeth pethau cystal â'r disgwyl. Fe ges i lawer mwy o hwyl pan ddaeth Freddie Garretty o Freddie and the Dreamers heibio'r orsaf. Roedd o'n llawer mwy parod i ddweud ei stori. Fe soniodd am yr hanes pan oedd yn canu ar yr un daith â Roy Orbison o gwmpas Lloegr. Roedden nhw'n mynd mewn hen Ford Consul o un ABC Cinema i'r nesaf pan gawson nhw eu stopio gan ddau blismon yng nghanol y wlad. Roy Orbison oedd yn dreifio ac fe ofynnodd un o'r plismyn iddo ddod allan o'r car. Wrth gael golwg arno yn ei sbectol ddu dyma'r plismon yn dweud wrtho:

'Pwy wyt ti'n feddwl wyt ti? Roy Orbison?'

'Ia,' medda fo.

'Dyna maen nhw i gyd yn ddeud,' meddai'r plismon.

'Mi fedra i brofi hynny i chi.'

'Tria di 'ngwas i,' oedd yr ateb sbeitlyd.

A dyma Roy Orbison i fŵt y car a gafael yn ei gitâr a dechrau canu ar ganol y ffordd: *'Your baby doesn't love you any more'* dros bob man. Roedd y ddau blismon yn sefyll yno yn gegagored yn methu coelio eu bod nhw wedi stopio rhywun mor enwog.

Roedd y bobol oedd yn gweithio yn Radio Shropshire yn hen griw iawn. Fe ddaeth James Bond yno o Marcher ac roedd 'na rai eraill dawnus iawn yno hefyd aeth ymlaen wedyn i Radio Five a Radio One. Ond fedrwn i ddim cymryd at ardal Yr Amwythig ei hun — lle pobol fawr. Ffermwyr cyfoethog a phobol gyfoethog o Birmingham oeddwn i'n ei weld ym mhob man! Wnes i ddim symud yno i fyw a ches i mo'r awydd i wneud 'chwaith. Roeddwn i'n llawer mwy cartrefol yr ochr arall i'r ffin yn Wrecsam.

Am fy mod i'n anniddig braidd yn Sir Amwythig mi fyddwn i'n darllen y papurau yn aml iawn i weld pa joban oedd yn mynd yma ac acw. Mae gan y BBC bapur wythnosol sy'n rhoi gwybod i bawb o'r gweithwyr pa swyddi sydd ar gael ym mob man drwy'r gorfforaeth. Mi sylwais fod Radio Cymru yn chwilio am gynhyrchydd i raglen Hywel Gwynfryn yng Nghaerdydd. Oedd, roedd hon yn apelio ac fe ddaeth yr awydd i yrru am y ffurflen gais. Wedi llenwi'r holl fanylion am bob dim bron ond lliw fy ngwallt mi ges wahoddiad i Gaerdydd i drio amdani. Y peth cyntaf wnaeth fy nharo ar ôl cyrraedd yr ystafell oedd gweld yr holl bobol o gwmpas y bwrdd. Wrth weld cymaint ohonyn nhw mi feddyliais yn syth nad oeddwn i'n ffansïo'r job yma rywsut. Dim ond un cwestiwn dwi'n gofio: oeddwn i'n gwrando ar Radio Cymru?

'Ddim yn aml,' oedd fy ateb. 'Ond mae fy nhad yn wrandäwr cyson. A dyna'r broblem sydd gynnoch chi dwi'n meddwl; mae'n rhaid i chi ddenu pobol ieuengach neu fe fydd Radio Cymru yn marw.'

Fe edrychon nhw arna i gystal â dweud pwy gythral ydi hwn yn dod i fan'ma i ddeud wrthon ni be' i 'neud. Am ddig'wilydd! Ches i mo'r swydd wrth reswm. Ychydig a feddyliwn i bryd hynny y byddwn i, ymhen chwe blynedd, yn gweithio i Radio Cymru yn ceisio denu cynulleidfa iau!

Yn fuan iawn ar ôl hyn roeddwn am adael Radio Shropshire a phenderfynu trio fy lwc yma ac acw yn gweithio mewn gwahanol rannau o Loegr fel *freelance* go iawn. Newid penaethiaid oedd yn gyfrifol fy mod i yn meddwl fel hyn. Roeddwn yn teimlo na fyddai fy steil yn gweddu i'r pennaeth newydd. Ond cynigiodd ddau ddiwrnod o waith i mi a fyddai'n sylfaen weddol dda i ddechrau wythnos heb gyflog rheolaidd.

Mi ges i wneud un peth oedd yn sicr at fy nant. Ar bnawn Sadwrn byddwn yn cael cyflwyno rhaglen chwaraeon. Oherwydd fy niddordeb mewn pêl-droed a'r ffaith fy mod wedi cael treial i Shrewsbury Town ac yn cefnogi Nottingham Forest roedd gen i ychydig o gefndir i wneud y gwaith. Fedrwn i ddim disgwyl am y Sadyrnau. Gan fod pob dim yn digwydd ar y pryd a bod yn rhaid cysylltu â sawl cae does dim byd gwell i gael yr hen adrenalin i lifo. Fe all cymaint o bethau fynd o chwith. Mae un achlysur sy'n fy ngwneud yn oer bob tro y byddaf yn meddwl amdano neu'n clywed yr enw Hillsborough. Fi oedd yn cyflwyno pan oedd y newyddion am y drychineb honno'n torri ac roedd pethau'n mynd yn waeth wrth y funud. Yr hyn oedd yn ei gwneud yn ddychrynllyd i mi oedd fy mod i a Paul Mewis o Marcher yn Leppings Lane y flwyddyn cynt. Lerpwl a Nottingham Forest oedd yn chwarae yno yn rownd gyn-derfynol y cwpan y tro hwnnw hefyd. Y diwrnod hwnnw yn ogystal roedd hi mor uffernol yn y pen hwnnw fel ein bod ni wedi symud o Leppings Lane i ran arall y cae. Pan oedd y stori yn dod drwodd am y digwyddiadau yng nghae Sheffield Wednesday y pnawn Sadwrn hwnnw yn Ebrill 1989 roeddwn i'n teimlo rhyw chwys oer yn dod drosta i. Roeddwn i'n cofio'r teimlad o ofn ges i yn yr un lle y flwyddyn cynt pan oedd yr un timau yn chwarae. Mor hawdd y gallai hyn fod wedi digwydd pan oedd y ddau ohonon ni yno. Roedd hwnnw'n bnawn emosiynol tu hwnt ac roedd cyflwyno ar y fath ddiwrnod yn brofiad chwerw iawn. Fyddwn i ddim yn dymuno gwneud y fath beth byth eto.

Mae eisiau tipyn o fenter i fynd ar eich liwt eich hun yn gyfan gwbwl ond roeddwn yn teimlo fy mod i wedi cael profiad mewn tair gorsaf wahanol erbyn hynny. O leiaf roedd gen i gefndir o weithio i radio annibynnol a'r BBC ac wedi bod yn rhan o gychwyn dwy orsaf hefyd. Fe olygodd y newid yma yn fy mywyd fy mod i'n teithio mwy nag a wnes i erioed, un diwrnod yn Birmingham a'r nesaf ym Manceinion, y diwrnod wedyn yn Leeds a diwedd yr wythnos yn Llundain. Gweithio i orsafoedd radio annibynnol oeddwn i amlaf ac yn cael gwaith pan oedd y cyflwynwyr arferol ar eu gwyliau. Dro arall roeddwn i'n lleisio hysbysebion ar gyfer radio. Roedd o'n amser braf ac roeddwn i'n ennill mwy o bres wrth weithio dau neu dri diwrnod nag yr oeddwn i am wythnos lawn yn Wrecsam a'r Amwythig. Wrth edrych yn ôl fe fu hi'n flwyddyn brysur a chyffrous. Mi wnes i bethau bryd hynny na fyddwn i byth wedi cael cyfle i'w gwneud nhw fel arall.

Mi ges i gyfle i wneud mwy na chyflwyno'n unig. Oherwydd y profiad yn Radio Shropshire roedd gen i fwy i'w gynnig ac roeddwn yn awyddus i wneud rhaglenni a'u gwerthu i wahanol orsafoedd. Un syniad ges i oedd trefnu rhaglen efo Pete Best, drymiwr cynta'r Beatles. Fe gafodd ei gicio allan o'r grŵp fel roedden nhw'n dechrau dod yn enwog. Mynd i weithio efo pobol y dreth incwm yn Lerwpl wnaeth o ar ôl gadael y Beatles a dyna lle y dois i ar ei draws. (Nid bod pobol y dreth incwm ar fy ôl i, cofiwch!)

'The Fifth Beatle' oedd enw'r rhaglen ddwyawr wnes i efo Pete Best. Roedd hi'n dipyn o sgŵp achos doedd o 'rioed wedi siarad am ei brofiadau ar y radio o'r blaen. Oherwydd hynny roedd y gwahanol orsafoedd yn fodlon prynu rhaglen ddwyawr, nid yn unig yn Lloegr ond mewn gwahanol rannau o'r byd. Oedd o'n ddyn chwerw am iddo gael ei hel o'r grŵp mwyaf a welwyd? Oedd, am ychydig, medda fo, ond doedd ganddo ddim dewis ond byw efo'r hyn ddigwyddodd.

'Dwi'n dal yn fyw ac mae gen i deulu ardderchog,' medda fo. 'Mae John Lennon yn farw.'

Y Brenin ei hun oedd testun rhaglen ddwyawr arall y llwyddais i'w gwneud — *'Elvis — A Golden Celebration'*. Mi wnes i hon i nodi dengmlwyddiant ei farwolaeth. Dyma pryd y gwelais i mor anodd oedd gwneud rhaglen fel yma heb ddigon o arian i dalu am y deunydd. Roeddwn i wedi meddwl cael darnau archifol o America ond am eu bod mor ddrud doedd dim digon o bres yn y gyllideb i'w prynu. Fe fu'n rhaid cael llai o'r rheiny a rhagor o artistiaid o'r ochr yma i'r dŵr i siarad amdano, y rhai oedd yn ei gofio yn y pum a'r chwe degau. Mi wnes i ddysgu fod Elvis yn *big bucks* o hyd yn America a bod arian yn llifo mwy nag erioed i'w gronfa goffa.

Yn yr un cyfnod mi ges i gomisiwn i wneud rhaglen awr a hanner am Slade. Yn y saith degau fe werthodd y grŵp o Wolverhampton fwy o recordiau drwy'r byd na phob grŵp ond Abba. *15 years of Slade* oedd ei henw ac roedden nhw'n dweud eu hanes yn mynd rownd y byd i ganu. Fe aeth y rhaglen rownd y byd hefyd.

Mi ges i brofiadau difyr iawn pan oeddwn yn gweithio ym Manceinion. Yr actores Susan Hampshire ddaeth i mewn i un o'r rhaglenni ac yn naturiol fe aeth y sgwrs i gyfeiriad dyslecsia. Mae hi'n ymgyrchydd mawr dros y rhai sy'n dioddef ac yn fodlon dweud pa mor bwysig ydi dal ati. Fe soniodd wrtha i sut yr oedd hi wedi mynd ati i gofio sgriptiau gan ei bod yn cael trafferth i'w darllen nhw yn y lle cyntaf. Roedd hi wedi datblygu ffordd wahanol i'w cofio nhw. Profiad rhyfedd iawn ges i wrth sgwrsio efo actores arall — Kathy Tyson, yr actores dywyll oedd yn chwarae rhan putain yn *'Band of Gold'* yn ddiweddarach. Fe ddaeth hi â'i mab bychan Jack i mewn efo hi ac roedd o'n rhedeg reiat rownd y stiwdio. Os nad oedd o'n gwneud hynny roedd yn neidio ar lin ei fam a gweiddi ar ein traws. Pan ddechreuais i chwarae record ar ôl y sgwrs fe ofynnodd Kathy Tyson i mi pryd oedd y rhaglen yn mynd allan. 'Mae hi newydd fynd,' medda fi. 'Mae hon yn rhaglen fyw!'

'O, nefi wen, petawn i'n sylweddoli hynny mi fyddwn i wedi cadw Jack yn dawel!' Rhy hwyr, yr hen goes. Rhy hwyr!

Actores arall ddaeth i'r un rhaglen oedd Barbara Dickson. Roeddwn wedi ei chyfarfod hi o'r blaen pan oeddwn i'n gweithio yng Nghaerdydd. Y fi gafodd y gwaith o fynd i'w nôl hi efo car o'r New Theatre i ddod i gymryd rhan yn fy rhaglen ar CBC.

Er bod pob dim yn mynd yn hwylus, ar ôl naw mis roeddwn i wedi dechrau cael digon ar y crwydro diddiwedd o gwmpas Lloegr. Petawn i'n gweld swydd sefydlog oedd yn apelio mi fyddwn yn trio amdani. Mi welais joban yn mynd efo Great North Radio yn Newcastle ac mi ges wahoddiad i'w gweld nhw. Wrth gyrraedd y dref ar ôl mynd allan o'r stesion fe ddaeth rhywbeth drosta i ac roeddwn i'n clywed fy hun yn dweud: efo pob parch i Newcastle dwi ddim eisio gweithio yn fan'ma. Mae'n iawn gwneud rhyw ychydig ddyddiau neu wythnos ar y tro ond peth arall ydi bod yma trwy'r amser. Fuasen nhw ddim yn fy nallt i a finnau ddim yn eu dallt nhwtha. O 'mhrofiad i yno cynt roeddwn i'n cael cythgiam o job eu deall nhw'n siarad.

Gyda rhyw feddyliau fel yna yr es i mewn i'r cyfweliad a phetawn i wedi cael ei chynnig hi fyddwn i ddim wedi ei derbyn hi. Y lle nesaf i mi drio am waith oedd efo Radio Aire yn Leeds. Gwahoddiad eto i fynd am gyfweliad, ond wedi gweld y pennaeth rhaglenni dyma ddweud wrtha fi'n hun: na, dwi ddim eisio gweithio i'r ddynes yma! Yn rhyfeddol, mi ges gynnig y job ond wnes i mo'i chymryd hi. Er mor hawdd fyddai derbyn doeddwn i ddim yn gweld fy hun yn medru setlo yno.

Fe sychodd y swyddi oedd yn apelio ar bapur ac roeddwn yn dal i grwydro fel sipsi hwnt ac yma. Ond flwyddyn union ar ôl i mi adael Radio Shropshire roeddwn yn ailddechrau gweithio eto mewn lle oedd yn gyfarwydd iawn i mi — Marcher. Erbyn hynny roedd wedi newid ei henw i Marcher Gold ac roedden nhw wedi bod yn chwilio am bennaeth cerddoriaeth a chyflwynydd i raglen ganol y bore. Er nad oedd y cyfnod crwydro o le i le wedi bod yn hir roeddwn i mor falch o fynd yn ôl i gael gwaith rheolaidd.

Wedi dod yn ôl i Wrecsam mi ddechreuais fynd i glybiau nos i weithio hefyd. Byddwn yn cynnal discos reit aml yng Nghlybiau Peppers, Wrecsam a Styles ar Lannau Dyfrdwy. Roedd hyn yn ychwanegol at fy ngwaith bob dydd. Mi fyddwn yn croesawu unrhyw waith arall yr oeddwn yn medru ei wneud yn fy amser fy hun.

Dydi cael cynnig i wneud rhaglen radio efo Tom Jones ddim yn dod i ran rhywun bob dydd o'i fywyd. Yn 1986 roeddwn i wedi cael cyfweliad ar y ffôn efo'r canwr o Bontypridd. Ymhen rhai blynyddoedd wedyn roedd hi'n amser reit galed arno efo gwerthu ei recordiau ac mi ges i alwad ffôn gan ei gwmni recordiau yn Llundain yn gofyn a fuaswn i'n barod i holi Tom Jones am ei albwm newydd oedd yn dod allan yn fuan. Mi ddwedais i wrth y ferch fod gen i rif iddo yn America ers y tro cynt ac y byddwn i'n cysylltu â fo. Cael gair efo'i fab wnes i, sef ei reolwr. Wrth lwc, roedd yn cofio ein sgwrs ni y tro diwethaf ond yn lle cynnal cyfweliad ar y ffôn dyma fo'n cynnig i mi eu cyfarfod yn Llundain gan eu bod yn dod drosodd yn fuan. Mi fyddwn i'n siŵr o gael caniatâd i'w holi dim ond i mi drefnu efo'r cwmni recordiau. Wedi fy rhoi ar ben ffordd fel 'na fe roddodd rif ffôn yn Llundain i mi gysylltu â nhw pan fydden nhw wedi cyrraedd.

Pan ffoniais i'r ferch o Chrysalis Records i sôn am y sgwrs ges i efo mab Tom Jones fe gynigiodd dalu i mi fynd i lawr i'w holi. Dwi'n cofio cerdded i mewn i'r *Penthouse Suite* crand 'ma yn Llundain, heb fod yn siŵr iawn beth i'w ddweud wrth ddyn o'r fath. Y peth cyntaf ddaeth i 'mhen i oedd cyfeirio at ei daldra. Doedd o ddim mor dal ag oeddwn i wedi'i ddychmygu am ryw reswm, ac roedd yn nes i'm seis i! Chwerthin wnaeth o a 'ngwadd i eistedd inni gael dechrau sgwrsio. Yno buon ni am yn agos i bedair awr yn recordio ac yn cael ei hanes o'r dechrau. Roedd o'n ddyn dymunol iawn ac yn barod i ateb pob cwestiwn mor llawn ag y medrai.

Siarad am rygbi wnaethon ni am dipyn cyn dechrau sôn am ei ddyddiau canu. Mae hanes Tom Jones yn enghraifft berffaith o'r lwc sydd angen ei gael yn y busnes. Fel roedd yn dweud wrtha i, digwydd bod yn Y Rhondda dros y Sul yn gweld ei fam yr oedd Gordon Mills, y dyn ddaeth yn rheolwr iddo ar ddechrau ei yrfa broffesiynol. Daeth brawd Mills heibio'r tŷ a'i berswadio i fynd efo fo i glwb y Top Hat yng Nghwmtyleri. Doedd o ddim awydd cychwyn o gwbwl. Yn y clwb y noson honno roedd 'Tommy Scott and the Senators' yn canu. Roedden nhw

yno am fod rhywun arall yn sâl. Wedi ei glywed yn canu
fe aeth Mills at Tommy Scott (Tom Jones) a dweud
wrtho: 'Fe ddylet ti fod yn Llundain.' 'Dwi'n gwybod sut
i fynd yno,' meddai Tom Jones, 'ond be' dwi'n wneud
pan fydda i wedi cyrraedd yno.' 'Rho dy gyfeiriad i mi,'
meddai Gordon Mills. Cyn hir fe gafodd lythyr yn gofyn
iddo recordio *It's not unusual* fel *demo disc* i'w rhoi i reolwyr
Sandie Shaw. Fe wnaeth hynny ond doedd gan y rheolwyr
ddim diddordeb. Fyddai hi byth yn hit, medden nhw.
Mi berswadiodd Tom Jones Gordon Mills i gynnig y *demo*
i gwmnïau eraill yn Llundain a'r unig un i fachu oedd
Decca. Fe fentron nhw ryddhau'r record pan nad oedd
neb yn gwybod pwy oedd y Cymro o Bontypridd. Ymhen
mis neu ddau roedd yn rhif un yn y siartiau.

Mae'r cyfan yn dangos bod yn rhaid cael lwc a digwydd
bod yn y lle iawn ar yr amser iawn. Unwaith mae pethau
wedi disgyn i'w lle mae hynny'n rhoi sail i lwyddiant,
fel y digwyddodd yn hanes ein Tom ni.

Fe ddaeth y rhaglen yn dwt at ei gilydd ar ôl i'r pedair
awr gael eu chwynnu i awr. Doedd dim pwrpas ei gwneud
yn hwy na hynny neu fyddai neb yn ei phrynu. Gan fy
mod i'n gweithio i Marcher Gold nhw gafodd ei darlledu
gyntaf er iddi gael ei gwerthu i wahanol orsafoedd wedyn.
Mi ges i gwmni o America i wneud y gwaith gwerthu i
mi gan ei bod yn haws o lawer i rywun profiadol wneud
hynny er eu bod yn cymryd canran o'r gwerthiant. Fe aeth
y rhaglen i bellafoedd byd — Awstralia, Seland Newydd
a thrwy'r BFBS, y gwasanaeth i'r lluoedd arfog.

Flynyddoedd ar ôl i Gordon Mills farw'n ddyn ifanc
mi wnes i gyfarfod ei wraig, Jo. Hi oedd un o'r rhai oedd
yn gyfrifol am ddechrau cwmni recordiau newydd Juice
Records. Ar y pryd roeddwn yn cadw llygad ar rai

artistiaid fyddai â rhyw obaith o wneud record ac mi ges i wahoddiad i'w chartref i'w trafod nhw efo hi a'i phartneriaid. Wedi i mi gyrraedd gorsaf Weybridge yn Surrey roedd car yn mynd â fi i'r tŷ lle'r oedd hi'n byw — Little Rhondda! Doeddwn i erioed wedi bod mewn tŷ mor grand yn fy myw. Yn un rhan ohono roedd bar oedd gymaint â'r rhai gewch chi yn y llefydd mwyaf yn Llundain. Er mor fawr oedd o roedd o'n eitha sych wedi i'r criw oedd yno orffen â'r lle! Mi ges i aros yn y Rhondda Fach am ddwy noson, yn y stafell yr oedd Gilbert O'Sullivan wedi byw ynddi am flwyddyn pan oedd ar lyfrau Gordon Mills. Fo oedd ei reolwr yn ogystal â Tom Jones ac Englebert Humperdink.

Hit fawr Gilbert O'Sullivan yn 1973 oedd cân o'r enw *Clair*. Hon oedd merch ieuengaf Gordon a Jo Mills ac roedd y gân wedi'i sgrifennu pan oedd hi'n fychan. Pwy oedd yn y bar mawr y noson gyntaf yr oeddwn yno ond Clair, yn bymtheg oed erbyn hynny. Braidd yn ifanc oedd hi i mi o hyd ond mi fûm yn siarad â hi am ryw ddwyawr yng nghanol yr holl rialtwch oedd yno'r noson honno. Roedd yn fraint fawr i mi gyfarfod y ferch oedd yn destun cân lwyddiannus Gilbert O'Sullivan.

Fy nhad yn ddyn ifanc.

Mam cyn iddi briodi.

Ar lin Mam pan oedden ni'n byw yn Nhregarth.

Heb fod yn gweld y barbwr eto!

Y tri ohonon ni — Elen, fy chwaer, Melfyn fy mrawd, a minnau yn Ysgol y Faenol, Penrhosgarnedd.

Ar y llwyfan am y tro cyntaf. Un o'r saith corrach efo cwmni pantomeim o Benrhosgarnedd yn Neuadd Eglwys Santes Fair, Bangor. Pam fod y lleill i gyd yn edrych ar y camera?

Yn Ysgol Dinorwig. Ble ydw i? Yr uchaf ar y chwith Robert Jones, y deintydd a'r consuriwr o Fangor, yw'r pumed o'r chwith yn yr un rhes.

Eifion Jones

Wedi dechrau gweithio ym myd radio yng Nghaerdydd yn 1980.

Criw y rhaglen Gymraeg ar CBC (Cardiff Broadcasting Company) yn Nhachwedd 1980. Andy Bell a Vaughan Roderick sydd y tu ôl.

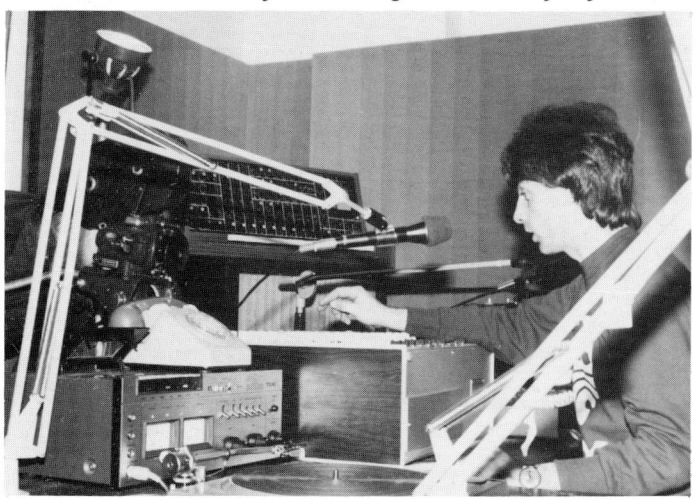

Wrthi'n gwneud hysbyseb deledu i roi sylw i CBC yn Ionawr 1981.

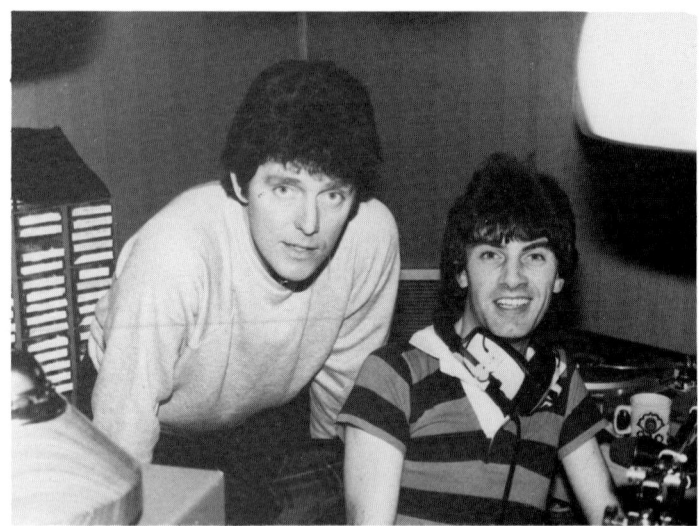

Alvin Stardust ddaeth i mewn ataf i'r stiwdio yn CBC.

Wedi cael sgwrs efo 'Brotherhood of Man' ar CBC yn 1982.

B. A. Robinson ar ôl iddo gael gair ar fy rhaglen. Beth ddigwyddodd iddo fo sgwn i?

Wedi symud at y BBC am y tro cyntaf yng ngorsaf leol Radio Shropshire yn Yr Amwythig.

Tim Smith oedd yn gweithio efo fi yn Radio Shropshire yn stiwdio Radio One yn Llundain wedi iddo symud o'r Amwythig.

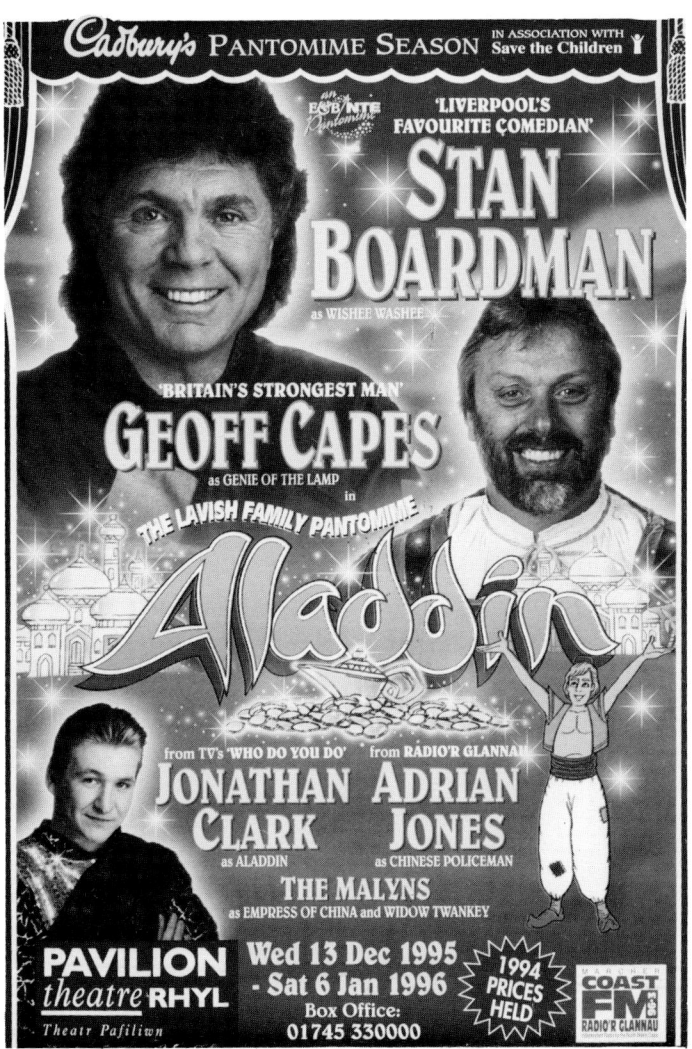

Y poster oedd yn barod ar gyfer y pantomeim yn Y Rhyl. Er bod enw Adrian Jones arno wnes i ddim cymryd rhan!

Cyflwyno disg aur cwmni Sain i Dylan Parry — o Dylan a Neil — yn y noson ganu gwlad a gynhaliwyd yn Theatr Gogledd Cymru, Llandudno yn Ebrill 1997.

Tipyn o hwyl efo'r merched ym Mhen-y-groes, Gwynedd yn Ebrill 1997.

Noson gyflwyno disgiau aur cwmni Sain i John ac Alun yn Ebrill 1998.

Dau o'r rhai ieuengaf oedd yn y noson ganu gwlad yn Llandudno yn Ebrill 1998.

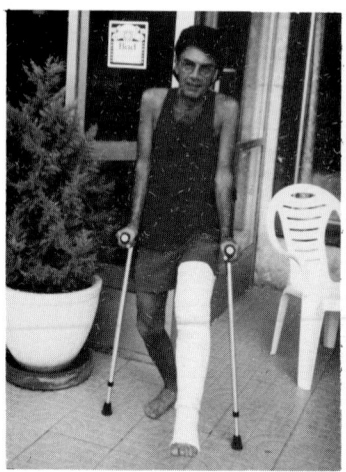

Yr Hen Goes! Wedi cael codwm ar fy ngwyliau yn Majorca yn fuan ar ôl i mi ymuno â Radio Cymru.

Mewn disco efo Vicky Michelle o'r rhaglen deledu 'Allo, Allo'.

Dau o fy nghydweithwyr yn Sain y Gororau — Ceri Foggin (Pritchard gynt) ac Aled Lewis Evans — ar ôl recordio rhaglen 'Pen-blwydd Hapus' yn stiwdio Barcud. Yncl Derec sydd mewn sgwrs ddwys yn y cefndir. Y fo ydi'r lleiaf o'r ddau.

Ymweld â'r Stadiwm Olympaidd yn Berlin adeg ffilmio ar gyfer noson Ewrop BBC Cymru ar S4C.

Cael gair ag un o'r cefnogwyr yn ystod taith feics Hywel Gwynfryn a Dei Tomos yn 1998.

Egwyl fach yn ystod y cyflwyno yn Sesiwn Fawr Dolgellau 1998.

Yn Eisteddfod Genedlaethol Bro Ogwr gydag un o'r gwrandawyr.

Hon oedd y Pennant, stemar teulu'r Arglwydd Penrhyn, cyn iddi suddo yn 1925. Llun: Gwasanaeth Archifau Gwynedd

Nid aur yw popeth melyn

Cyflwyno ganol y bore oeddwn i yn Marcher Gold —
rhaglen bedair awr yn para tan ddau y pnawn. Pan ges
i waith yno yn Awst 1990 roedd yn cynnwys edrych ar
ôl y gerddoriaeth i gyd i raglenni dau o'r cyflwynwyr eraill
hefyd. Mike Shaft o Fanceinion oedd wrthi adeg brecwast
erbyn hynny. Roedd ganddo brofiad mewn radio a
theledu. Kevin Howard oedd cyflwynydd y pnawn a
thrwyddo fo mi ges i gryn dipyn o waith arall. Yn wahanol
i mi, roedd ganddo asiant ym Manceinion. Cwmni yn
delio efo pob math o artistiaid oedd NMS, o gantorion
i fodelau. Nigel Martin Smith oedd yn gyfrifol amdano.
Dwi'n cofio mynd i'r swyddfa un diwrnod a chriw o
hogiau yn rhyw orweddian yn y gornel. Fe ofynnais pwy
oedden nhw, rhag ofn fy mod i wedi clywed amdanyn
nhw o'r blaen. Grŵp y mae Nigel yn gweithio efo nhw
ar hyn o bryd ac mae o'n meddwl eu bod nhw am wneud
marc ohoni. Faint o weithiau'r yden ni wedi clywed hynny
o'r blaen, meddwn i wrtho yn ddigon sinicaidd. Y tro yma
roedd yr 'agent' wedi ei gweld hi. Cyn hir roedd y criw
a welais i yn disgwyl am sylw y bore hwnnw yn un o'r
grwpiau enwocaf a welodd y byd adloniant ers
blynyddoedd — neb llai na Take That. Nigel Martin
Smith oedd eu rheolwr pan wnaethon nhw enw iddyn
nhw eu hunain. Y dyddiau hyn y fo ydi rheolwr Gary
Barlow, cyn-aelod talentog iawn o'r grŵp.
 Drwy NMS y ces i dipyn o waith *extra* mewn dramâu

teledu. Dechreuodd y diddordeb pan oeddwn i yng Nghaerdydd. Ar ddechrau S4C roedd y gyfres 'Coleg' yn chwilio am bobol i fod yn sefyllian yn y cefndir ac roeddwn i'n llwyddo i gael gwaith felly ambell ddiwrnod rhydd yn CBC. O leia, doeddwn i ddim yn gyfan gwbwl newydd i'r busnes pan rois i fy enw ar lyfrau Nigel Martin Smith.

Oherwydd fy mod i'n gweithio chwe diwrnod yr wythnos fel oedd hi, gan amlaf dim ond dydd Sul oedd gen i ar ôl i gymryd y rhannau. Yr alwad gyntaf ges i oedd i Fanceinion i fod yn yr archfarchnad ar *Coronation Street*. Curly Watts a Reg Holdsworth oedd yr actorion a finnau yn y cefndir yn mynd o gwmpas y siop yn gwthio troli. Mi ges i ddarnau bach eraill hefyd ar wahanol rannau o'r set ond dydwi erioed wedi bod yn ffilmio yn y Rovers Return. Hen griw clên ydi actorion y stryd enwocaf ym Mhrydain a doedd rhywun ddim yn teimlo fel *extra* yn eu canol nhw. Ar wahân i actio efo nhw mi ges i wahoddiad i wneud rhywbeth fymryn bach gwahanol efo un o'r actorion — agor siop fawr Stans Shop sy'n gwerthu pob dim yn Weston Rhyn ger Croesoswallt efo'r actores sy'n chwarae rhan Vera Duckworth.

Criw digon tebyg sydd yn *Brookside*. Yr unig dro i mi gael rhyw air i'w ddweud oedd ar un o raglenni'r gyfres o Lerpwl. *'How you doing Jimmy?'* oedd y cwestiwn i Jimmy Corkhill, un o'r prif gymeriadau, fel roeddwn i'n ei basio wrth y siopau. *'All right there 'r kid'*, meddai yntau'n ôl. Tipyn o sioc oedd mynd i'r siop a gweld y pacedi a'r tuniau. Maen nhw'n rhai go iawn dim ond eu bod nhw wedi pasio eu dyddiad gwerthu ers misoedd os nad blynyddoedd!

Y BBC oedd yn gwneud *Common as Muck*, y gyfres

am ddynion biniau. Fe ddaeth yr alwad i fynd i Lerpwl i ffilmio a hithau'n ddiwrnod fy mhen-blwydd ar Ebrill 17. Michelle Collins a Roy Hudd oedd yn actio fwyaf y diwrnod hwnnw. Mi fûm i'n siarad am gerddoriaeth efo'r actores oedd wedi bod yn *Coronation Street* ar un adeg. Yn ystod y dydd mi ges wybod ei bod yn ddiwrnod pen-blwydd Roy Hudd hefyd. Pan ddeallodd o ein bod ni'n rhannu'r un diwrnod pen-blwydd roedd yn rhaid tynnu sylw ato rywsut neu'i gilydd. Dymuno dedwydd dro i'r dydd efo paned o de wnaethon ni! Doedd dim byd cryfach ar gael.

Mi ges i rannau yn *Boon, Prime Suspect*, a'r *Medics* ymhen ychydig wedyn. Ac ar ôl un *Medics* fe ddaeth galwad i ddwy raglen arall. Gwaith digon anghyfforddus ges i efo'r doctoriaid. Roeddwn i'n gorfod gorwedd ar droli drwy'r dydd yn smalio fy mod i'n wael. Wn i ddim faint o weithiau y ces i fy rowlio i mewn ac allan o ward. Roedd fy nghefn i'n brifo ers meitin beth bynnag ac yn mynd yn waeth wrth glywed y boi yma'n gweiddi *'Let's do it again darling'*. Doedd hi ddim cynddrwg yn *Prime Suspect*. Ffotograffydd oeddwn i yn hwnnw pan oedden nhw'n recordio ym Manceinion. Ches i ddim cyfarfod Helen Mirren yn anffodus.

Mewn drama o'r enw *Needles* y fi oedd y creadur oedd ar gyffuriau wedi dod allan o'r jêl. Doeddwn i rioed wedi bod mewn carchar o'r blaen nes imi gael y gwaith o fynd i mewn ac allan o Walton sawl tro. Cael fy rhyddhau oeddwn i y diwrnod hwnnw ac roedd yn brofiad dychrynllyd iawn gweld y giât fawr yn agor a chau. Roedd rhyw deimlad oer yn dod drosof wrth i'r giât gau. Dydi rhywun ddim yn deall sut le ydi carchar nes i rywun fynd yno. Fyddwn i byth yn medru treulio amser yn y fath le ar ôl y profiad o fod yn *extra* mewn adeilad oedd mor oeraidd, tywyll ac annifyr.

Doedd y gwaith ddim yn fêl i gyd, yn sicr. Mynd yn waeth wnaeth hi hefyd pan ges i ac *extra* arall rannau yn *Parnell and The English Woman.* Cafodd y ddau ohonon ni ein gosod mewn cell carchar efo Trevor Eve, yr actor ddaeth yn adnabyddus pan oedd o'n cymryd rhan *Shoestring* ers talwm. Drama gyfnod oedd hon a fo oedd yn actio Parnell. Fe dreulion ni ddiwrnod cyfan mewn jêl oer ac er bod gynnon ni ddillad trwchus amdanom roedd hi'n dal yn oer. Trwy'r amser y buon ni yno wnaeth Trevor Eve ddim torri gair efo ni. Wnaeth o ddim o gwbwl i wneud i ni deimlo'n gartrefol. Dyma'r teip sy'n credu *'I'm the actor, darling, you're the extra!'* Cyn hyn roedd gen i dipyn o feddwl ohono ond bob tro y bydda i'n ei weld mewn drama ar y teli rŵan mi fydda i'n ei diffodd.

Fe barhaodd y gwaith achlysurol am ryw bedair blynedd. Dydwi ddim wedi cymryd rhan mewn dim ers imi ddechrau efo Radio Cymru. Diolch i Kevin Howard roedd o'n hwyl ar y pryd ac yn bres bach reit ddefnyddiol.

Yn ôl yn Marcher roedd hi'n ddyddiau'r gwahanu, o ran darlledu a chyn hir o'm rhan innau. Yn nechrau'r naw degau roedd pob gorsaf bron wedi penderfynu bod yn rhaid iddyn nhw ddarlledu dau fath o raglenni, un ar AM a'r llall ar FM. Anelu am y bobol ifanc yr oedden nhw ar FM am eu bod nhw'n credu fod y rhai iau am wrando ar wasanaeth lle'r oedd y recordiau yn fwy diweddar a'r sain ychydig yn lanach. Troi yr AM yn Marcher Gold wnaethon nhw yn Wrecsam ac iddyn nhw yr oeddwn i'n gweithio. Rhaglenni i'r hen *fogies* oedd y rhain a cherddoriaeth y Beatles, Rolling Stones, y Kinks ac Abba oedd yn cynnal yr orsaf. Er fy mod i wrth fy modd efo'u recordiau doeddwn i ddim yn cytuno â'r rhaniad er mwyn cael un gwasanaeth i gerddoriaeth y chwech a'r saith degau. Serch hynny roedden ni'n cael cynulleidfa dda ac roedd y ffigurau'n galonogol, cystal â phob un o'r gorsafoedd eraill oedd wedi mentro fel yma. Ond doedd 'na ddim arian i wneud dim gan ei fod yn mynd i hybu'r gwasanaeth ar FM.

Dwy flynedd fûm i wrthi ar Marcher Gold cyn i mi anghytuno â Godfrey Williams a phenderfynodd y ddau ohonom mai gadael oedd y peth gorau i mi. Fu'r ail gyfnod efo Marcher ddim yn un anhapus o gwbwl. Wedi'r cyfan, roeddwn i'n cael gwneud llawer o bethau oedd yn fy mhlesio. Un o'r profiadau mwyaf difyr oedd cael mynd i'r Caribî i wneud rhaglen wyliau. Mynd ar long wnaethon ni i Puerto Rico a'r Virgin Isles a rhai o'r ynysoedd eraill. Pan ddechreuais i sgwrsio efo dynes oedd yn tynnu lluniau ar y llong fe ddwedodd wrtha i fod 'na ferch o Gymru yn gweithio iddyn nhw. 'O ble?' medda fi. 'O Gaernarfon,' oedd yr ateb. 'Llai na deng milltir oddi wrtha i,' meddwn innau, gan symud yn sydyn o Wrecsam i fy hen ardal.

Wedi inni gyfarfod wrth hwylio am St John a St Thomas roedd y ddau ohonon ni'n siarad Cymraeg. Bob tro yr oedd pobol yn ein clywed ni roedden nhw'n methu deall beth oedd yr iaith ddiarth. Fel mae hi bob amser, dyma'r Americanwyr yn dechrau holi pa iaith oedd hi ac wedi iddyn nhw ddeall ein bod yn dod o Gymru roedden nhw wrth eu boddau. Roedden ni'n iawn am 'ddrincs' weddill y daith! Lle tebyg iawn i'r hyn sydd wedi bod ar hysbyseb Lilt ar y teledu oedd yr ynysoedd. Digon â gwneud ichi aros yno am byth am ei fod o'n lle mor fendigedig.

Roedd 'na fwyd i dynnu dŵr o'ch dannedd chi ar y llong. Mae bwyd wedi ei wneud yn barod yn help mawr i rywun fel fi. Fydda i ddim yn bwyta allan yn aml, rhyw unwaith yr wythnos ar gyfartaledd. Rydwi'n go dda am wneud bwyd traddodiadol. Fe alla i wneud reis a pasta fy ffordd fy hun! Ond gan nad ydwi'n hoff iawn o 'sauces' does gen i ddim digon o amynedd i'w gwneud nhw. Ar y cyfan rydwi'n bwyta reit iach — tatws yn eu crwyn fel rheol a digon o lysiau. Efallai nad ydwi'n bwyta digon o ffrwythau, er bod dewis di-ben-draw ar y llong. Mi fydda i'n cadw golwg ar beth dwi'n fwyta. Wrth gwrs rydwi'n gwybod nad oes dim byd i guro 'fish a chips' da! Does dim gwell ond peidio â'u bwyta'n rhy aml. Cyw iâr a chig eidion yw'r ffefrynnau. Mae bwyd Eidalaidd yn agos iawn at fy stumog er bod y sawsiau a'r olew maen nhw'n eu defnyddio yn medru bod yn rhy gryf i mi. Dwi'n hoff o'u dewis o fwyd ond mae'n rhaid i mi wylio'r olew gan fod fy stumog yn methu ei dreulio.

O ran pwdin, mae gen i wendid am siocled. Rhowch rywbeth i mi sydd wedi ei wneud o siocled ac mi fydda i'n berffaith hapus. Rydwi'n ddyn am hufen iâ hefyd ac wrth fy modd yn sglaffio hwnnw.

Mae gen i rywbeth yn erbyn pentwr o fwyd. Un bach ydwi ac oherwydd hynny dydwi ddim angen llond plât mawr o fy mlaen. Mi fydda i'n clywed rhai yn canmol llefydd am eu bod yn cael digonedd o fwyd yno. Rowch blatiad llai i mi bob amser a hwnnw'n flasus. Ar y cyfan ychydig o lefydd y gwn i amdanyn nhw sy'n paratoi bwyd felly erbyn hyn.

O ran gwaith dod i lawr i'r ddaear yn chwap wnes i ar ôl gadael Marcher Gold. Doedd dim gwaith i rywun ar ei liwt ei hun erbyn hyn. Mor wahanol oedd hi ddwy flynedd ynghynt. Yr adeg hynny doedd dim prinder gwaith yn y gorsafoedd annibynnol, dim ond bod yn rhaid crwydro i'w gael. Y tro yma roeddwn i'n gwirioneddol grafu i gael diwrnod yma 'ac acw. Mi fyddwn i'n gweithio ar ddydd Sadwrn gan fy mod i'n gwneud adroddiadau i Marcher am gemau Wrecsam pan oedden nhw'n chwarae gartref ac oddi cartref. Un diwrnod yr wythnos oedd hynny wrth gwrs a doedd o ddim yn mynd i gadw rhywun rhag llwgu. Am y tro cyntaf ers imi fynd i'r byd darlledu mi feddyliais fod pethau ar ben. Oedd yn well i mi anghofio amdano a chwilio am rywbeth arall i'w wneud? Yn araf iawn yr oedd y pres yn dod i mewn a doedd gen i ddim dewis ond meddwl am ffordd arall i ennill ceiniog. Dyma pryd y dechreuais i asiantiaeth *Adrian Jones Entertainments — Mr 10 per cent!* Mi ges i amryw byd o grwpiau a chantorion unigol ar y llyfrau a fi oedd yn cael gwaith iddyn nhw mewn clybiau a thafarnau. Mi fyddwn i'n trefnu iddyn nhw ganu mewn gwahanol rannau o'r wlad a bob tro roedden nhw'n cael joban roeddwn i'n cael 15 y cant.

Tra parhaodd o, roedd pob dim yn gweithio'n hwylus. Erbyn gweld, nid y fi oedd yr unig un i ddechrau asiantiaeth yr adeg hynny. Roedd o'n rhyw fath o glefyd ar y pryd ac fe aeth yn gystadleuaeth ffyrnig am artistiaid a gwaith. Wnaeth o ddim para mwy na dwy flynedd. Doedd yr *Adrian Jones Entertainments* ddim yn ddigon i 'nghadw i, felly roedd yn rhaid crafu bywoliaeth arall rywsut neu'i gilydd. Mi welais hysbyseb gan y Norwich Union yn chwilio am bobol i fynd yn *financial advisers*. Oeddwn i'n credu y medrwn i roi cyngor ariannol i bobol? Os oedden nhw'n cynnig rhoi rhywun ar ben ffordd, pam

119

lai? Fe fyddai'n cyd-fynd yn iawn â'r ychydig waith radio oeddwn i'n ei gael.

Un bore Llun dyma fynd i Fanceinion i ddechrau ar gwrs hyfforddi. Mi wisgais fy siwt orau a gofalu bod fy nghes yn sgleinio. Roedd chwech ohonon ni yn dechrau efo'n gilydd yn adeilad crand y Salford Keys. Y syniad oedd ein bod ni'n cael wythnos yno a mynd allan am wythnos i gael ein traed danom. Pwy oedd yno yn ein helpu ar ran Norwich Union ond David Fairclough, *super sub* tîm Lerpwl. Fo oedd yn dod ar y cae yn hwyr ym mhob gêm ac yn sgorio'r gôl bwysig. Mae arna i ofn na wnaeth o ddim sgorio rhyw lawer yn fy ngolwg i y diwrnod hwnnw. Wedi i'r hanner dwsin ohonon ni fod wrthi o flaen cyfrifiaduron am awr a hanner roeddwn i wedi cael llond bol. Mi ddiffoddais y cyfrifiadur a dweud: *'Can't be bothered with this.'* Doedden nhw ddim yn deall beth oedd yn bod arna i ac roedden nhw'n edrych yn wirion. Mi wnes i ail-ddweud yr un geiriau eto, cydio yn fy nghes, ac allan â fi. Fedrwn i ddim dioddef meddwl fy mod i'n cael fy nghonio yn fan'no ac, yn y pen draw, fy mod i'n mynd i drio denu pres oddi wrth bobol oedd yn methu fforddio talu.

Dyna ddiwedd sydyn ar y bennod honno yn fy hanes. Wrth lwc, roedd y discos yn dal i fynd ac yn help bach i brynu torth. Yn ariannol, rhwng Awst '92 a Mai '93 oedd y cyfnod anoddaf i mi ei gael erioed. Fe ddaeth galwad o ochrau Llundain yn gofyn i mi oedd gen i ddiddordeb mewn bod yn bennaeth rhaglenni ar orsaf newydd oedd ar fin dechrau. Er bod pethau'n ddrwg doedd gen i mo'r awydd lleiaf symud o Wrecsam a doedd y swydd ddim yn apelio cymaint â hynny 'chwaith. Yn rhyfedd iawn, roeddwn i'n teimlo fy mod wedi cartrefu yn Wrecsam, a heb symud oddi yno i fyw er pan adewais Gaerdydd. Mi fûm i'n byw mewn tŷ yng Nghoed-poeth am chwe blynedd cyn symud i Gwersyllt. Mae Coed-poeth yn lle diddorol a Chymreig iawn. Mi welwch chi fod y to hŷn yn siarad Cymraeg, a'r rhai ifanc, ond dydi'r genhedlaeth yn y canol ddim wedi llwyddo i ddal gafael yn yr iaith. Does dim dwywaith nad ydi hi'n ardal galed iawn ac os ydyn nhw am ddweud rhywbeth wrthoch chi mi dywedan o yn eich wyneb. Ond drwy'r cwbwl maen nhw'n bobol groesawus iawn. A'r hyn sy'n dda am Wrecsam ydi ei fod yn gyfleus i bob un o'r trefi mawr yn Lloegr yn ogystal â gweddill gogledd Cymru. Yn rhyfedd iawn, Caerdydd ac Abertawe ydi'r llefydd anoddaf i'w cyrraedd o Wrecsam!

Tŷ ar stad oedd gen i. Fyddwn i ddim yn hoff o fyw mewn tŷ ar ei ben ei hun yn y wlad. A does gen i ddim i'w ddweud wrth y syniad o brynu hen dŷ a gweithio arno i'w wella. Ond mi wnes i dipyn o waith papuro a pheintio yng Ngwersyllt. Wrth lwc roedd dau deulu wedi bod yn byw yno o fy mlaen. Roedd y rhai diwethaf wedi rhoi cegin newydd yno. Gan mai cegin a thalu am ei gosod hi sy'n costio fwyaf wrth ail-wneud tŷ roeddwn yn arbed y gost honno. Mi lwyddais i wneud y gweddill o'r gwaith fy hun a chwysu tipyn efo'r papur a'r paent. Ac roedd gen i ardd go fawr. Dydwi ddim yn arddwr o gwbwl ond roedd digon o flodau yno ar ôl y cyn-berchnogion. Mi ges i help y dyn drws nesaf i ddangos i mi sut i dorri rhai o'r blodau a phlannu'r toriadau er mwyn iddyn nhw dyfu o'r newydd y flwyddyn wedyn. Roedden nhw'n ddigon o sioe! Yn y gwanwyn a'r haf roedd yn rhaid torri'r gwair yn aml. Er fy mod i'n byw ar fy mhen fy hun ac yn gweithio chwe diwrnod yr wythnos roeddwn i'n llwyddo i gadw'r lle'n reit daclus. Mi fyddwn i'n dod adref o 'ngwaith yn ystod yr haf yn teimlo'n dipyn o foi fod y lle yn edrych cystal.

Er mai byw ar fy mhen fy hun oeddwn i, wna i ddim gwadu fod ambell ferch wedi aros yno ac un neu ddwy wedi gadael brwsh dannedd a dilledyn neu ddau ar eu hôl! Ond wnaeth neb symud i fyw yn barhaol efo fi. Er fy mod i wedi cael llawer o gariadon ar hyd y blynyddoedd rydwi bob amser wedi mwynhau bod ar fy mhen fy hun. Fe fydda i'n licio cau drws fy nhŷ a chadw fy annibyniaeth. Ar adegau rydwi wedi bod ar wyliau ar fy mhen fy hun. Ond efo criw o ffrindiau o Wrecsam yr oeddwn i pan ddaeth un gwyliau i ben mewn ffordd ddigon diflas.

Y diwrnod cyn cychwyn am adref o Sbaen oedd hi. Roedd pedwar ohonon ni mewn bar yn cael tipyn o hwyl pan ges i fy mrathu gan gi. Doedden ni ddim wedi gwneud dim o'i le! Mynd i gychwyn o'r lle yr oedden ni pan drois i'n sydyn i godi a'r ci, oedd wedi bod wrth ein hymyl ni am hir, yn mynd am fy llaw. Dydi cael eich brathu gan gi ddim yn brofiad dymunol ar y gorau ond mae rhywun yn poeni llawer mwy ar y cyfandir. Doedd dim amdani ond mynd yn syth i'r ysbyty i chwilio am ddoctor. Wedi cyrraedd mewn tacsi dyma fynd i chwilio am rywun i roi help i mi. Mi ddois i ar draws doctor a dwy nyrs yn y tywyllwch yn yfed poteli o San Miguel. Wedi cael fy mrathu gan gi ydw i, meddwn i, mor glir ag y medrwn i yn Saesneg. Dyma un o'r nyrsus â fi i'r coridor a dweud wrtha i am dynnu fy nhrowsus. 'Yn fan'ma?' meddwn i, rhag ofn nad oeddwn i wedi deall ei Saesneg chwithig.

'Tynna dy drowsus i lawr yn y fan yma,' medda hi.

'Mae 'na bobol yn fan'ma!'

'I lawr!' oedd ei hateb.

Fel maen nhw'n gwneud mewn ffilmiau, fe wthiodd fi dros y troli oedd wrth ymyl i roi pigiad i mi yn fy mhen ôl. Wrth weld cip ar y nodwydd fe aeth rhywbeth drwy fy meddwl y gallai fod yn defnyddio hen un.

'Ydi'r nodwydd 'na'n lân?' oedd y cwestiwn nesaf i'r nyrs.

'You have Aids?' medda hi.

'Na, na, dim eisio Aids ydw i,' meddwn innau wrthi. Am funudau fe fuon ni'n trio deall ein gilydd gan ei bod hi wedi cymryd yn ei phen fod Aids arna i! Wrth lwc, fe glywodd y doctor y dadlau ac roedd o'n deall ychydig mwy o Saesneg. Fe ddaeth yno i setlo pethau a'm sicrhau fod y nodwydd yn newydd sbon. Doeddwn i ddim am dderbyn dim yn fy man gwan heb wybod am ei glanweithdra!

Yn anffodus doedd un pigiad ddim yn ddigon. Roedd angen dod yn ôl drannoeth i gael un arall. Fe ddigwyddodd pethau'n haws yr eildro. Ond y drwg oedd fod fy mhen ôl yn brifo i gyd wedi i mi fynd am y gwesty i ddechrau hel fy mhethau i fynd adref. Pan es i i'r maes awyr roeddwn i'n gwybod y byddai yn amhosib i mi eistedd am ryw deirawr yn yr un lle. Cerdded yn ôl ac ymlaen ar hyd yr awyren a chyboli efo'r *'stewardesses'* wnes i ar hyd y daith. Am sbel wedyn pan oedd pobol yn gofyn i mi oeddwn i wedi bod yn Ffrainc rhyw dro fe fyddwn i'n dweud 'Na, ond rydwi wedi cerdded drosti'!

Fûm i erioed mor falch o fod yn ôl yn Wrecsam a chael mynd ar fy mhen i'm gwely. Fe gymerodd hi ddiwrnod neu ddau i 'mhen ôl i ddod ato'i hun. Diolch i'r drefn nad oedd rhywbeth ym mrathiad y ci i adael ei ôl arna i am byth!

Mae'n amlwg fy mod i wedi dechrau magu gwreiddiau

yn y gogledd-ddwyrain a doeddwn i ddim awydd symud ymhell iawn o'r cylch. Roedd yn dda hynny. Yn fuan iawn mi ges gynnig mynd yn ôl at y cwmni yr oeddwn wedi ffarwelio ag o ddwywaith o'r blaen. Fyddwn i ddim yn gorfod codi 'mhac a gwerthu fy nhŷ fel roeddwn i wedi ofni. Un peth fyddai'n rhaid ei wneud — codi'n gynnar iawn — ond roedd yn her newydd mewn rhan arall o'r gogledd. Am y tro cyntaf mi fyddwn yn gweithio mewn ardal lle byddai fy nheulu yn medru fy nghlywed. Roeddwn ar ben fy nigon. Yn fwy na dim mi fyddwn mewn gwaith rheolaidd unwaith yn rhagor. Wedi profiadau'r flwyddyn ddiwethaf mi fyddai cael codi i fynd i waith bob dydd yn bleser pur.

Mynd i wynt y môr

Mae pob newid yn *change* fel maen nhw'n dweud. Dwi'n siŵr fod hynny'n wir iawn yn fy hanes i a'r radio. Yn 1993 roedd 'na gyffro mawr yn y gogledd am fod trwydded wedi ei chynnig i ddechrau gorsaf annibynnol ar y glannau. Am wythnosau roedd gwahanol rai yn dyfalu pwy fyddai'n cael yr hawl i wneud y rhaglenni. Yn naturiol, roedd Sain y Gororau wedi dangos diddordeb gan eu bod yn darlledu'n barod yn un rhan o'r wlad. Wedi disgwyl am wythnosau fe ddaeth y newydd o'r diwedd. Marcher fu'n llwyddiannus yn ennill y drwydded. Hwn oedd y cyfle cyntaf iddyn nhw ei gael i ledu eu hadenydd o ddwyrain Cymru yn nes i'r gorllewin. Dyma fyddai Marcher Coast FM (Radio'r Glannau). Y cwestiynau cyntaf ar ôl i'r newydd dorri oedd o ble y bydden nhw'n darlledu a phwy fyddai eu cyflwynwyr. Dewis Bae Colwyn fel eu canolfan wnaethon nhw ac o'r ddau gyflwynydd yr oedden nhw ei angen mi ges i gynnig bod yn un ohonyn nhw. Am y trydydd tro yn fy hanes roeddwn yn cael bod yn rhan o enedigaeth gorsaf radio. Gan fy mod i wedi bod yn y 'theatr' adeg geni gorsafoedd annibynnol Caerdydd a Wrecsam roedd gen i syniad go dda erbyn hyn am y profiad a'r poenau. Ond roedd rhywbeth yn dweud wrtha i y byddai genedigaeth Marcher Coast FM ychydig yn haws. Roedd y rhieni tua Wrecsam wedi cael eu traed danyn yn iawn erbyn hynny ac fe fydden nhw'n gwybod sut i roi cychwyn cadarn ar bethau.

Mi wnes i ymuno â nhw ym mis Gorffennaf 1993, fis cyn inni fynd ar yr awyr. Fi oedd i fod i gyflwyno'r rhaglen amser brecwast oedd yn para o saith tan un ar ddeg. Gan fy mod i'n byw yn Wrecsam mi fyddai hynny'n golygu codi am chwarter i bump i gael fy hun yn barod a chyrraedd Bae Colwyn erbyn chwarter i chwech. Roeddwn i'n gwybod faint o waith paratoi oedd ar raglen bedair awr er y byddai llawer wedi ei wneud y diwrnod cynt. Ond does 'na ddim byd tebyg i fod yn drefnus cyn mynd ar yr awyr. Mae pedair awr yn amser hir o flaen y meic ac ychydig iawn o amser sydd i wneud dim bryd hynny — hyd yn oed mynd i'r lle chwech!

Dewis rhannu adeilad efo HTV ym Mae Colwyn wnaethon nhw. Hen fanc oedd o ac mi ges i wahoddiad gan Paul Mewis, fy hen gydweithiwr, i fynd i weld y lle. HTV oedd ar y gwaelod a ninnau oedd i fod uwchben. 'Fydd o'n iawn pan fydd o wedi'i orffen,' medda fi wrth Paul. Fe edrychodd arna i, a heb iddo ddweud dim roeddwn yn gwybod fod hynny o waith oedd am gael ei wneud ar y lle wedi ei ddarfod. Un stiwdio oedd i fod yno a swyddfeydd oedd y gweddill. Y syniad oedd ein bod ni'n cael y newyddion gan HTV a dyna pam roedden ni'n rhannu'r adeilad mewn gwirionedd.

Hogyn o Landudno oedd y cyflwynydd arall i fod. Tipyn o gymeriad ydi Ian Turner ac roeddwn yn ei nabod ers blynyddoedd gan ei fod o, fel finnau, wedi bod yn cynnal disco. Fe fyddai'n gwneud llawer at achosion da. Am gyfnod fe wnaeth ychydig o waith i Manx Radio ac er nad oedd wedi cael profiad o wneud rhaglen ddyddiol roeddwn yn meddwl ei bod yn werth i mi gynnig ei enw i bobol Wrecsam. Mi ddigwyddais ddod ar ei draws yn Llandudno adeg y llifogydd pan oeddwn i wedi mynd yno i wneud adroddiadau i Marcher cyn symud i Fae Colwyn. Roedden nhw â'u golwg ar yr ardal yr adeg honno. Wedi i'r penaethiaid yn Wrecsam ei weld roedden nhw'n fwy na pharod iddo gyflwyno'r rhaglenni pnawn, rhwng dau a chwech.

Troi at raglenni Cymraeg fydden ni wedyn i gael awr o Wrecsam a rhai fel Aled Lloyd Davies ac Eira Davies yn cyflwyno. Yr unig noson Gymraeg rhwng chwech a saith o Fae Colwyn fyddai rhaglen John Roberts. Prifathro lleol oedd o er bod ei wreiddiau yn fy hen ardal i — Deiniolen.

Fyddai 'na neb lleol yn cyflwyno rhwng un ar ddeg a dau. O Wrecsam y byddai'r rhaglen honno'n dod. Mark Rodgers oedd yn ei chyflwyno'n barod ar Marcher Gold. Mab i deulu o fwtsieriaid o Langollen ydi Mark. Mi gwelais i o gyntaf yng nghlwb Peppers yn Wrecsam ac fe fuon ni'n dau yn gweithio yno am dair noson yr wythnos. Yna fe ddechreuodd gyflwyno rhaglenni nos Sul ar Marcher efo fi cyn symud ymlaen i Marcher Gold. O hyn ymlaen fe fyddai ei lais yn cael ei ddarlledu drwy Fae Colwyn yn ogystal â Wrecsam. Fe fyddai cyffyrddiad o'r 'Gold' ar Marcher Coast hefyd. Roeddwn wedi bod yn gwrando ar raglenni'r gorsafoedd oedd yn cyrraedd rhannau o'r gogledd a sylwi fod gan bob un ohonyn nhw ryw fath o wasanaeth oedd yn rhoi lle i recordiau o'r gorffennol. Ond doedd yr un o'r gorsafoedd yma yn cyrraedd ardal Bae Colwyn a chyfeirad Bangor a Sir Fôn. Felly dyma awgrymu ein bod yn rhoi sylw i gerddoriaeth o'r chwe degau i'r wyth degau ar ein rhaglenni ni. Does dim byd yn well gan rai na chlywed cân sydd wedi mynd yn angof bron. Fe fyddai hynny yn tanio eu diddordeb yn yr orsaf newydd a'r gair yn mynd o gwmpas fod posib clywed hen recordiau ar Marcher Coast, ambell gân nad oedd pobol wedi ei chlywed ers blynyddoedd.

Pan aethon ni ar yr awyr yn niwedd Awst 1993, dyna ddigwyddodd. A hynny oedd cryfder yr orsaf yn y dechrau i'w gwneud hi'n llwyddiant — y recordiau, a'r cyflwynwyr! Criw bach iawn oedden ni. Fe ddaeth Gareth Morlais aton ni, un o gyn-weithwyr y BBC a'r arian byw y tu ôl i grŵp y Ceffyl Pren pan oedd hwnnw yn ei anterth. Mae o'n ôl efo'r BBC erbyn hyn. Roedd yn dda cael hogyn lleol i weithio ar y ddesg gymuned — yr *'action desk'*. A chan fod Ian Turner a finnau yn gwybod am yr ardal mor dda roedd hynny'n help i'r gwrandawyr hefyd. Mewn llefydd eraill roeddwn i wedi gorfod dysgu am yr ardaloedd gan eu bod nhw mor newydd i mi. Roedd hi mor braf cael sgwrsio efo pobol ar y rhaglen a finnau'n medru gweld yn fy mhen lle oedd eu tref neu bentref. Mae'n bwysig iawn ar orsaf leol fod y cyflwynydd yn adnabod ei ardal neu'n dod i'w hadnabod os nad yw'n gwybod amdani'n barod, hyd yn oed yn bwysicach nag ar wasanaeth cenedlaethol.

Ar y bore cyntaf doedden ni ddim cweit yn barod cyn saith o'r gloch. Pan oeddwn i'n ysu i fynd o flaen y ddesg gyflwyno roedd Peter Brookfield, y peiriannydd, ar ei liniau odani efo'i haearn sodro yn darfod rhyw fanion bethau. Ond mi gawson ni sŵn drwy'r weiars am saith o'r gloch ac roedd Marcher Coast FM yn rhan o batrwm newydd darlledu yng Nghymru. Pwy ddaeth i mewn yn nes ymlaen ond Arfon Haines Davies a Siân Lloyd, y tywydd. Roedd hi wedi dod â thywydd braf efo hi y diwrnod hwnnw, diolch byth, er nad oedd o ddim yn gwneud rhyw lawer o wahaniaeth i mi o dan do yn fan'no. Fe fydd gen i air i'w ddweud eto am Mr Arfon Haines

Davies cyn y diwedd, ac nid am ei ben-blwydd o yn hanner cant 'chwaith! Er bod Arfon yn gweithio i HTV roedd yn addas iawn ei fod yn dod i mewn ar y diwrnod cyntaf gan fod ganddo gysylltiadau lleol. Gweinidog Wesla ym Mae Colwyn oedd ei dad ac yn wyneb adnabyddus yn y cylch. Profiad digon rhyfedd oedd gweld Siân Lloyd yn eistedd o 'mlaen i a'r ddau ohonon ni wedi dechrau efo'n gilydd yn CBC.

Un broblem y daethon ni ar ei thraws yn y dyddiau cynnar oedd fod y toiled yn rhy agos i'r stiwdio. Roedd yn gyfleus iawn os oeddech chi am fynd iddo ond doedd hi ddim mor hawdd tynnu'r tsiaen ar ôl bod. Bob tro yr oedd hynny'n digwydd roedd yn bosib ei glywed yn y stiwdio! Yr ateb oedd gofalu fod y meicroffon wedi'i gau pan fyddai rhywun yn gadael y toiled. Ac roedd yn rhaid i bawb oedd yn mynd yno ofalu dod allan i weld a oedd y golau coch ymlaen tu allan i'r stiwdio cyn penderfynu beth i'w wneud efo'r tsiaen. Weithiau roedd rhai yn anghofio ac roeddwn i'n clywed y sŵn yn y stiwdio. Ond dwi ddim yn gwybod a oedd pobol yn sylweddoli beth oedd y sŵn os oedden nhw'n ei glywed ar y radio!

Diolch fod y toiled mor agos pan oedd rhywun ei angen ar frys. Mewn rhaglen fyw sy'n para pedair awr mae'n rhaid mynd i'r lle chwech rhyw dro. Dewis disg go hir a ffwrdd i'r tŷ bach amdani! Yr un fath pan mae'r awydd am smôc yn dod heibio: disg heb fod rhy fyr ac allan am fygyn. Roedd pob cyflwynydd dwi'n ei gofio yn gwneud nodyn yn ei ben pa rai oedd y caneuon hwyaf ar ddisgiau ac yn eu defnyddio pan fyddai'r alwad yn dod!

Yn y swyddfa newyddion odanon ni roedd 'na brysurdeb mawr. Yma'r oedd HTV wedi lleoli eu swyddfa wedi iddyn nhw uno Bangor a'r Wyddgrug. Efo'u gwaith teledu nhw a'n bwletinau newyddion ni roedd digon yn digwydd. Merched oedd y rhan fwyaf o'r rhai oedd yn gyfrifol am y newyddion yn fy nghyfnod i. Mae'n amlwg eu bod nhw'n griw da achos mae pob un ohonyn nhw wedi symud at y BBC! Emma Jones oedd y gyntaf a Siân Lloyd ddaeth ar ei hôl hi. Hon oedd yr ail Siân Lloyd yn fy mywyd! Fe aeth Emma at y BBC, ac erbyn hyn mae hi'n gweithio efo News 24 a Siân hefyd wedi mynd at BBC Wales. Jeanette Clucas a Victoria Ellis oedd y ddwy arall ac mae'r ddwy efo'r BBC bellach — Jeanette efo News 24 a Victoria ym Mangor.

Un digwyddiad lleol wnaeth ein hypsetio ni i gyd yn y dyddiau cynnar oedd dod o hyd i gorff y ferch fach, Sophie Hook, ar draeth Llandudno. Roeddwn i ar yr awyr y bore y daeth y newyddion i mewn. Fe effeithiodd arnon ni i gyd. Dydwi ddim yn cofio wythnos mor anodd oherwydd bod teimladau'r ardal mor gryf. Am ddyddiau roedden ni'n cael gwybod rhai pethau a ninnau'n methu meiddio â'u darlledu. Doedd gynnon ni ddim dewis ond cario 'mlaen ond roedd yn rhaid bod yn ofalus. Bob tro roeddwn i'n gafael mewn record y peth cyntaf oedd yn dod i feddwl rhywun oedd a fyddai'r geiriau a'r gân yn addas. Fe gafodd pethau fel *Little Children*, Billy J. Kramer, ei thaflu o'r golwg am dipyn o amser.

Yn wahanol i rai o'r gorsafoedd eraill doedden ni ddim yn cael cymaint o'r sêr i mewn i raglenni Bae Colwyn. Yn un peth, doedd Theatr Newydd Gogledd Cymru yn Llandudno ddim wedi agor, felly doedd dim llawer o 'enwau mawr' yn dod i'r cyffiniau. Dwi'n cofio Danny La Rue yn dod i'n gweld ni efo'i bwdl ac yn mynd trwy'i bethau yn siarad fel melin bupur. Yn y pegwn arall yn hollol, fe ddaeth John Redwood heibio hefyd pan oedd yn Ysgrifennydd Cymru. Fedren ni ddim cael dau mor wahanol i'r stiwdio fechan oedd gynnon ni. Mi fyddwn i'n cael gair â rhai enwogion ar y ffôn. Unwaith roeddwn wedi trefnu i siarad â Jim Davidson. Roeddwn wedi dod ar ei draws yn y clybiau yng Nghaerdydd ac wedi dod ymlaen yn iawn efo fo er gwaetha'r 'enw' sydd ganddo. Fe ddaeth yn amser i ni gysylltu â fo. Yr unig beth oedden ni'n ei gael oedd y sŵn yn dweud fod y ffôn yn brysur. Trio eto. Dal yn brysur. Wedi ffonio a ffonio chawson ni ddim ateb eto ac mi ddaeth un neu ddwy o'r hen recordiau yn handi iawn i lenwi'r bwlch. Yn syth ar ôl y rhaglen fe ganodd y ffôn. Jim Davidson newydd sylweddoli fod rhywbeth yn bod ar ei ffôn ac yn ymddiheuro'n llaes ei fod wedi creu trafferth i ni. Roedd o wedi bod yn disgwyl i'r ffôn ganu cyn sylwi fod rhywbeth o'i le ac mai ar ei ffôn o roedd y drwg. Fe gynigiodd sgwrsio efo fi y diwrnod wedyn yn lle hynny ac aros adref am ddiwrnod ychwanegol er mwyn gwneud yn siŵr ein bod yn cael cysylltiad iawn y tro hwnnw. Yn y diwedd fe lwyddodd y gwrandawyr i glywed y sgwrs a doedd dim stop ar ei jôcs.

Am fy mod i'n gweithio yn nes i'm hen ardal roedd fy nhad a gweddill y teulu yn medru gwrando arna i yn ddyddiol am y tro cyntaf. Ychydig iawn oedd fy nhad wedi ei glywed ar wahân i fymryn o dapiau a phan aeth i Gaerdydd yn nyddiau cynnar CBC. Yn rhyfedd iawn fe ddaeth y ddau ohonon ni'n fwy clos ym misoedd cyntaf Marcher Coast nag ar unrhyw adeg arall. Yn lle mynd yn ôl ac ymlaen o Wrecsam i Fae Colwyn bob dydd mi benderfynais y byddwn i'n mynd i aros at fy nhad ym Mhenrhosgarnedd o ddydd Llun tan ddydd Iau bob wythnos a mynd i Wrecsam dros y Sul. Am fod gen i waith i Sain y Gororau ar ddydd Sadwrn yn gwneud adroddiadau am gemau Wrecsam, gartref ac oddi cartref, doedd gen i fawr o ddewis ond mynd yn ôl i fy nhŷ fy hun ar nos Wener. Mi fyddwn i'n cael blas ar fynd i'r gemau er bod Brian Flynn yn erbyn i ohebwyr deithio efo'r tîm i'r gemau i ffwrdd. Pur anaml y gwnes i hynny oherwydd teimladau'r rheolwr. Ond mi fûm i'n eu dilyn nhw ar gyfnod cyffrous iawn yn eu hanes pan aethon nhw i fyny i'r ail adran yn 1993. Does dim byd gwell na chael anfon adroddiad byw o gemau pan fydd y rheiny'n cyfri cymaint i'r rhai sy'n gwrando. Roeddwn i ar ben fy nigon pan ges i fynd i weithio yn y City Ground yn Nottingham pan oedd Forest a Wrecsam yn chwarae mewn gêm gwpan. Fy nau hoff dîm yn brwydro i fynd ymlaen i'r rownd nesaf a finnau'n cefnogi'r ddau! Ond roedd yn rhaid bod yn ddiduedd wrth wneud adroddiad am y gêm. Colli wnaeth Wrecsam a doeddwn i ddim yn ddigalon o gwbwl! Wrth gwrs roeddwn wedi gwneud mwy o lawer efo hogia Wrecsam. Pan oeddwn i yn yr ysgol roeddwn yn cofio Joey Jones a Mickey Thomas yn chwarae yn y 'Clwyd and Conway League' er eu bod yn iau na fi. Wrth orfod delio â chlwb Wrecsam roeddwn yn dod ar draws Joey Jones yn amal, er mai efo Kevin Reeves, y rheolwr cynorthwyol, y byddwn i'n cadw cysylltiad clos o ran gwaith. Roedd yn un hawdd iawn gwneud efo fo ac yn barod iawn i fy helpu bob amser.

Peth braf weddill yr wythnos oedd cael treulio cyfnod efo 'Nhad a finnau wedi bod i ffwrdd mor hir a heb fod yn mynd adref mor aml ag y byddwn i'n dymuno. Doedd fy nhad ddim wedi bod yn dda ers rhai blynyddoedd gan ei fod yn dioddef o glefyd yr arennau. Roedd ganddo beiriant *dialysis* yn y tŷ ac yn mynd arno bedair gwaith bob dydd yn rheolaidd. Bob mis fe fyddai lori yn galw efo bocsus o hylif ar ei gyfer. Er hyn i gyd roedd yn awyddus iawn i roi croeso iawn i mi a bob dydd Llun fe fyddai'n gwneud cinio dydd Sul i mi. Fel rheol mi fyddwn yn cyrraedd adref ychydig cyn pedwar. Byddwn wedi gwneud yn siŵr nad oeddwn wedi bwyta dim drwy'r dydd er mwyn cael lle i'r pentwr o fwyd oedd yn fy nisgwyl. Un dydd Llun mi ddois yn ôl a gweld bod drws y tŷ ar agor, oedd yn anarferol. Doedd dim golwg ohono pan es i i'r tŷ. Gweiddi 'helô' a neb yn ateb. Wnes i ddim meddwl mwy na'i fod wedi mynd i fyny'r lôn am dro a'i fod wedi penderfynu gwneud cinio'n hwyrach. Doedd dim hanes o fwyd yn y gegin. Mi eisteddais i ddarllen llyfr pêl-droed yr oeddwn wedi ei brynu i hogyn bach fy chwaer. Dyma benderfynu cael rhywbeth i'w fwyta wedyn ac mi wnes gyri a ffonio un neu ddau tra'n disgwyl iddo fod yn barod. Erbyn hyn roedd hi'n tynnu am bump o'r gloch. Mi ddechreuais amau fod rhywbeth yn rhyfedd gan ei fod yn mynd ar y *dialysis* yr un amser bob dydd, a phump o'r gloch oedd un o'r adegau hynny. Mi es i fyny i'r stafell lle'r oedd y peiriant, ond doedd neb yno. I'r stafell wely — neb yn fan'no. Drwodd i'r llofft gefn ac yno'r oedd o ar y gwely, wedi marw.

Fedrwn i ddim credu fod hyn wedi digwydd. Yn fy mhanic mi es i chwilio am help. Mrs Tanner oedd y gyntaf i mi ddweud wrthi ac wedyn Mrs Fred Davies. Yn nhŷ Mrs Davies yr oedd fy mrawd a'm chwaer pan ges i wybod fod Mam wedi marw. Fe ddaeth hi'n ôl i'r tŷ a chadarnhau fy ofnau. Meddwl am fy chwaer a 'mrawd wnes i wedyn. Mi neidiais i'r car i fynd i dorri'r newydd i Elen. Ond tra oeddwn i ar y ffordd roedd hi wedi ffonio'r tŷ, wedi cael rhyw deimlad oer drosti wrth wneud bwyd i'r plant fod rhywbeth o'i le. Roedd Mrs Davies wedi ateb y ffôn.

Yr hyn sy'n dal yn rhyfedd i mi ydi fy mod i'n cofio eiliad neu ddwy anghyffredin wrth ddod adref y pnawn hwnnw. Wrth y tro am Gaernarfon ar yr A55 y digwyddodd o. Daeth teimlad od drosta i, gweld ysbyty a gweld fy hun yn y car yn dod rownd cornel. Ychydig wedi pedwar o'r gloch oedd hynny ac roedd y doctoriaid yn dweud mai trawiad gafodd fy nhad tua phedwar y pnawn hwnnw. Roedd hynny dri mis i'r diwrnod er pan oeddwn i wedi dechrau ym Mae Colwyn, a mis cyn y Nadolig.

Yn naturiol roedd hi'n ergyd i mi a'r teulu ac mae hi wedi cymryd amser i mi ddod dros y brofedigaeth. Roedd yn anodd iawn ailddechrau gweithio eto y dydd Llun canlynol. Mewn tri mis roedden ni'n dau wedi dod yn glos iawn. Fe ddaethon ni'n fwy o ffrindiau nag y buon ni erioed ac mi fydda i'n trysori'r tri mis olaf gawson ni efo'n gilydd am byth.

Radio Cymru'n galw

Pan oeddwn i'n darllen y papur ym Mae Colwyn un bore yn Ebrill 1995 mi welais fod Aled Glynne Davies wedi ei benodi yn bennaeth Radio Cymru. Mae unrhyw un sy'n ymwneud â darlledu bob amser yn cymryd diddordeb mewn penodiadau o'r fath, yn enwedig os ydyn nhw'n dweud fod ganddyn nhw syniadau newydd. Am fy mod i wedi cyfarfod Aled Glynne roedd y newydd yn fwy trawiadol. Roedd gen i gof amdano'n dod i helpu yn nyddiau'r radio ysbyty ym Mangor ac roeddwn wedi dod ar ei draws yng Nghaerdydd wedi iddo fynd at y BBC ar ôl bod yn Sain Abertawe. Fe fu'r teulu yn byw yn agos iawn i'n stryd ni ym Mhenrhosgarnedd ond gan fod Aled dipyn iau na fi doedden ni ddim yn gweld ein gilydd bryd hynny.

Ychydig cyn gweld y newydd roeddwn i wedi bod yn siarad efo Geraint, ei frawd, aelod o Ar Log. Fe fuon ni'n dau yn trafod Radio Cymru ar y stryd ym Mae Colwyn wedi iddo ddweud ei fod yn gwrando arna i ar Marcher Coast. Mae Geraint yn byw yn Eglwys-bach, Dyffryn Conwy lle mae'n hawdd iawn ei chlywed. Rhywsut, rhwng y sgwrs efo Geraint a darllen y papur mi ges i'r syniad o ffonio Aled i ddymuno'n dda iddo yn ei swydd newydd. Roedd hi'n braf gweld rhywun efo syniadau gwahanol ar gyfer yr hen Radio Cymru, a chan ein bod ni wedi taro ar ein gilydd flynyddoedd ynghynt mi fedrwn ei longyfarch ar ei benodiad.

'Adrian Jones o Marcher Coast sy' 'ma.'

'Duw, dwyt ti ddim isio Adrian efo fi. Eifion Jones wyt ti i mi,' meddai Aled.

'Wyt ti 'nghofio i felly!'

'Ydw. Ro'n i'n gwrando ar dâp ohonat ti rŵan.

Geraint, ei frawd, oedd wedi anfon copi o un o raglenni Marcher iddo ei chlywed a wyddwn i ddim o gwbwl am hynny. Fe ddaeth yn amlwg fy mod wedi ei ffonio ar gyfnod prysur ac fe ddwedodd y byddai'n cysylltu â fi eto i egluro ymhellach. Mae'n hawdd iawn i rywun ddweud hynny er mwyn cael gwared ohonoch chi a byth yn ffonio'n ôl, ond fe gadwodd Aled at ei air. Yn ystod y sgwrs fe awgrymodd y byddai'n syniad inni gyfarfod pan fyddai o yn y gogledd. Ond cyn hynny roedd yn awyddus i mi anfon tâp Cymraeg iddo gael gwrando arna i yn mynd trwy 'mhethau. Mi wnes i dâp iddo, a doedd dim rhaid i mi grwydro i stiwdios y BBC i wneud hynny. Roedd pob dim wrth law ym Mae Colwyn a'r penaethiaid yn ddigon pell yn Wrecsam! Wedi anfon hwnnw iddo roedd am i mi wneud un arall. Chlywais i ddim gair am sbel ar ôl anfon yr ail. Roeddwn yn meddwl ei fod wedi colli diddordeb ac na fyddwn yn clywed dim mwy.

Ymhen rhyw fis mi ges alwad ffôn gan ysgrifenyddes Aled Glynne yn dweud ei fod yn y gogledd ac y buasai'n hoffi 'ngweld i.

'Grêt,' meddwn i, 'ond does gen i ddim siwt efo fi yn fan hyn, a dydwi ddim wedi shiafio chwaith!' Doedd hynny ddim gwahaniaeth. Yn y Royal yng Nghaernarfon y gwnaethon ni gyfarfod, yn y dyddiau cyn iddi gael ei henwi'n Celt. Mewn sgwrs dros beint roedden ni yn gweld lygad yn llygad yn syth pa ffordd y dylai Radio Cymru fynd. Yn amlwg, ar ôl sgwrsio am sbel, roedd am gynnig gwaith i mi. Rhaglen hwyr y nos oedd ganddo dan sylw. Rhaglen hwyr oeddwn i am ei gwneud gan fy mod i'n dadlau nad oedd fy Nghymraeg yn ddigon da i adeg arall o'r dydd. Wedi'r cyfan, roedd 'na ddeuddeng mlynedd er pan oeddwn i wedi darlledu yn Gymraeg ar CBC. Yng Nghaerdydd y byddai'n rhaid cyflwyno, rhwng un ar ddeg ac un y bore yn ystod dyddiau'r wythnos. Doeddwn i ddim yn gorfoleddu wrth feddwl am symud i Gaerdydd. 'Ocê mi â i,' braidd yn ddidaro ddwedais i. Wrth feddwl am fudo roeddwn yn ei gweld yn adeg anodd i werthu'r tŷ oedd gen i.

Poen ydi meddwl am bethau fel hyn yng nghanol gwaith bob dydd. Oeddwn i eisiau gadael Marcher Coast? Oeddwn a nac oeddwn. Oedd fy Nghymraeg i'n ddigon da? A fuasai gwrandawyr Radio Cymru yn fy nerbyn? Poeni am hyn yr oeddwn i ac os na fyddwn i'n dderbyniol ble byddwn i'n mynd wedyn. Roedd 'na ffrind i mi wedi cael cynnig gwaith mewn gorsaf newydd yn Birmingham ac yn gofyn i mi oeddwn innau am fentro. Na, doeddwn i ddim yn barod i symud. Dyma sôn am fy mhenbleth wrth John Shone, oedd yn gyfrifol am newyddion HTV ym Mae Colwyn. O leia, roedd o wedi gweithio i'r BBC ac wedi symud o un lle i'r llall yn y gorffennol fel finnau. Siarad lot wedyn efo Paul Mewis oedd yn gweithio yn yr un adeilad. *'Go for it,'* meddai John Shone.

Roedd hynny'n ddigon i mi benderfynu fy mod i am dderbyn y cynnig. O'r diwedd roeddwn wedi mentro cymryd y cam. Yn fuan iawn wedyn mi es i gyfarfod cyhoeddus Radio Cymru ym Mangor. Hwn oedd un o'r cyfarfodydd yr oedd Aled Glynne yn eu cynnal i egluro beth oedd y syniadau oedd ganddo ar gyfer datblygu Radio Cymru a cheisio denu cynulleidfa newydd.

Doeddwn i ddim yn nabod llawer yno a fawr iawn yn fy nabod innau, ond dwi'n gwybod bod 'na un neu ddau yno yn meddwl mai dod yno fel rhyw ysbïwr i Marcher Coast oeddwn i, i weld sut roedd y gwasanaeth Cymraeg yn mynd i gystadlu efo'r gorsafoedd annibynnol. Fe aeth Aled Glynne drwy ei druth yn drylwyr gan sôn sut roedd patrwm y diwrnod am newid. Roedd y rhan fwyaf ohono'n newydd i mi er ein bod ni wedi cael sgwrs am yr un math o beth yn y Royal. Pan ddechreuodd o sôn am y rhaglenni hwyr fe ddywedodd fod ganddo gyflwynydd newydd mewn golwg. Yn nes ymlaen fe fyddai'r un cyflwynydd yn cyflwyno rhaglen ddyddiol. Wnaeth o mo fy enwi, diolch am hynny. Doedd 'na ddim wedi'i setlo'n swyddogol yr adeg hynny.

Braidd yn negyddol oedd y gynulleidfa o bobol ganol oed a hŷn gan fwya oedd wedi dod yno i wrando, amryw yn poeni fod rhai o'u hoff raglenni am ddiflannu. Pan ddaeth hi'n amser i greu grwpiau trafod roeddwn yn meddwl ei bod yn bryd i mi fynd adref. Braidd yn anodd fyddai dadlau am wahanol bethau heb roi 'nhraed ynddi. Fe fyddai pobol yn gwybod wedyn fod gen i ddiddordeb proffesiynol yn yr holl newid. Codi wnes i cyn i bawb wahanu i wahanol stafelloedd a dweud wrth y dyn oedd yn eistedd wrth fy ymyl fod yn rhaid i mi fynd a rhoi rhyw esgus gwan dros hynny. Roedd o'n digwydd gwybod fy mod i'n gweithio i Marcher Coast ac yn meddwl dwi'n siŵr y byddai mynd i drafodaethau am Radio Cymru yn codi cywilydd braidd arna i.

Ar ôl y cyfarfod hwnnw gwyddwn fy mod wedi gwneud y penderfyniad iawn. Ychydig wythnosau wedyn cefais alwad gan Aled yn cynnig y rhaglen bnawn i mi yn lle'r nos.

'Os gwnei di'r rhaglen bnawn mi gei di ei gneud hi o Fangor. Fydd ddim rhaid i ti symud i Gaerdydd.'

Roedd hwnnw'n newydd eithriadol o dda. Wrth gwrs fe fyddai'n well gen i ddechrau dod iddi yn Gymraeg pan fyddai llai yn gwrando.

'Wyt ti'n barod rŵan,' ges i yn y ffordd arbennig sydd ganddo. 'Gwna fo. Rhwng tri a phump neu bedwar a phump yn y pnawn.'

Dweud wrth Marcher fy mod i'n gadael oedd y job fwyaf. Doedden nhw ddim yn hapus o gwbl fy mod i am fynd mor fuan ar ôl dechrau ym Mae Colwyn. Cwta ddwy flynedd oeddwn i wedi bod efo nhw pan wnes i dorri'r newydd iddyn nhw. Fedra i ddim dweud ein bod ni wedi ffarwelio â'n gilydd dan wenu. Fe aeth hi fymryn yn danllyd! Cofiwch, roeddwn i'n deall eu bod nhw'n siomedig fod rhywun yn mynd mor fuan ar ôl dechrau. Gan fod Marcher Coast yn llwyddiannus iawn o ran cefnogaeth roedden nhw'n bryderus fod cyflwynydd newydd yn mynd i gymryd amser i gynhesu at y gynulleidfa. Erbyn hyn, sut bynnag, does 'na ddim drwgdeimlad rhyngon ni.

Does gen i ddim ond parch i gwmni Marcher. Mae 'na rai ohonon ni yn dal i gofio'r amser caled ar y dechrau yn Wrecsam. Yn y cyfnod hwnnw mi wnes i ffrindiau da efo cydweithwyr ac mae rhywun yn cofio'r pethau mwya pleserus wrth edrych yn ôl ac yn anghofio'r problemau. Yn sicr, mae angen canmol y cwmni am gadw'r orsaf yn annibynnol a lleol, ac am beidio ei gwerthu i'r gynnau mawr.

Ddiwedd Awst 1995 roeddwn yn torri cysylltiad â Marcher. Wedi ychydig o wyliau mi fyddwn yn symud i Fangor. Ond roedd 'na un drafferth. Oherwydd fy mod i'n gweithio i Marcher roeddwn wedi cael cynnig rhan y *Chinese Policeman* yn y pantomeim *Aladdin* yn Theatr y Pafiliwn, Y Rhyl, efo Stan Boardman a Geoff Capes ac eraill. Roeddwn wedi bod yn mesur am siwt yn barod! Eisoes roedd yr ymarferion wedi dechrau a finnau yn gorfod canu rhyw ychydig. Gan fy mod i'n newid cyflogwr doedd dim posib i mi gymryd y rhan. Wrth lwc doeddwn i ddim wedi arwyddo'r cytundeb. Fe achubodd hynny fi rhag llawer o drafferth. Ond roedd 'na bobol flin iawn o gwmpas Y Rhyl, yn enwedig am fod y posteri wedi eu hargraffu'n barod.

Beth bynnag mi ges i amser i anghofio ychydig am hynny wrth dreulio pythefnos yng Ngwlad Groeg cyn dod yn ôl i ddechrau gweithio efo'r BBC ym Mryn Meirion, Bangor.

Pwy ydi'r boi newydd 'ma?

Ganol mis Medi oedd hi pan es i Fryn Meirion am y tro cyntaf i ddechrau gweithio. 'Ta, ta,' i'r radio annibynnol. Erbyn hyn roeddwn wedi camu drwy ddrysau'r Gorfforaeth Ddarlledu Brydeinig, er mai i Radio Cymru yr oeddwn i'n mynd i weithio. Roeddwn i wedi cyfarfod y bobol oedd yn mynd i weithio efo fi ym Mangor a mynd o gwmpas y lle i weld y stiwdios ddeufis ynghynt. Trystan Iorwerth ac Elwyn Jones oedd y prif gynhyrchwyr a thri arall oedd yn mynd i weithio ar y rhaglen — Rhodri Tomos, Lowri Evans a Marian Ifans. Dyma gynnal y cyfarfod cyntaf efo'n gilydd o gwmpas y bwrdd. Doedd o ddim y peth cynhesaf dwi wedi bod ynddo erioed — y nhw ddim yn siŵr ohona i, doedd 'na ddim dwywaith am hynny — a finnau ddim yn siŵr ohonyn nhw. Nid fy mod i ddim yn siŵr ohonyn nhw fel pobol ond a oedden nhw'n medru gweld beth oedd y tu ôl i'r newid mawr oedd yn mynd i ddigwydd i Radio Cymru ym mis Hydref? Syniad Aled Glynne oedd ein bod ni'n mynd i gael pobol ar y ffôn i siarad a chystadlu. Yn y cyfarfod, yr argraff oeddwn i'n ei gael oedd fod Elwyn Jones yn amheus o'r math yma o raglenni. Fe fedra i ddeall hynny achos roedd yr hyn roedden ni'n ei drafod mor wahanol i'r rhaglenni roed Elwyn wedi arfer efo nhw. Doedd neb yn siŵr iawn sut oedden nhw'n mynd i weithio. Doeddwn innau ddim yn siŵr chwaith. Roeddwn i'n credu yn y math o radio roedden ni'n mynd i anelu ato ond doedd hynny ddim yn dweud ei fod yn mynd i weithio.

Yng nghanol y sgwrsio a'r cystadlu fe fyddai 'na recordiau — Cymraeg a Saesneg. Elwyn ofynnodd faint o ddisgiau Saesneg oedd gynnon ni dan sylw. Doeddwn i ddim yn gwybod. O bosib y byddai un o bob tair yn Saesneg. Pa fath o stwff Saesneg? Dwi'n meddwl fod ganddo syniad fy mod i'n mynd i chwarae rhyw stwff gwyllt Saesneg. Pethau canol y ffordd oedd gen i mewn golwg, y math o gerddoriaeth sydd gan Elton John. Rhyw amau roedd Elwyn o hyd. Wedi trafod y recordiau fe ddechreuodd sôn am y cystadlaethau ar y ffôn. Fe ddefnyddiodd air nad oeddwn i erioed wedi ei glywed o'r blaen — fficsars. Fe fyddai'n rhaid inni gael fficsars. Doeddwn i ddim yn gwybod beth oedd ystyr hynny. Beth oedd o'n ei olygu oedd trefnu pobol i'w ffonio rhag ofn iddi fod yn wan am gystadleuwyr yn ystod y rhaglenni. Mi ddwedais i na fyddai'n rhaid cael fficsars. Doeddwn i erioed wedi gorfod defnyddio fficsars ar unrhyw orsaf, diolch byth. Roedd hynny'n arferiad ar Radio Cymru ond fedrwn i ddim meddwl dechrau gwneud hynny. A dydio ddim wedi digwydd o gwbwl er pan ydwi wedi bod wrthi yn Gymraeg.

Fe ddaeth y diwrnod pan oedd yn rhaid dechrau meddwl sut oedd y rhaglenni am weithio. Yr unig ffordd i roi prawf ar hynny ydi eu gwneud nhw, heb iddyn nhw fynd ar yr awyr. Bythefnos cyn y rhaglen gyntaf y dechreuodd y *dry runs*. Roeddwn i'n gwybod yn syth beth oedd pobol o 'nghwmpas i'n feddwl a dwi'n gwybod beth oedd pobol yn ei ddweud ar ôl fy nghlywed i. O! neith hwn ddim gweithio; neith pobol ddim cymryd at hwn. Fe fydd 'na lythyra' o bob man a phobol yn neidio i fyny ac i lawr i gael 'madael â fo. Doedd rhai o fewn yr adran ddim yn meddwl y byddai'n gweithio. Nid bod ganddyn nhw ddim personol yn fy erbyn i dwi'n siŵr. Ar y cyfan roedden nhw'n iawn efo fi fel cyflwynydd. Braidd yn amheus oedden nhw ai ar Radio Cymru yr oedd lle y math yma o beth. Ac roeddwn yn deall eu teimladau.

Bob tro roeddwn yn dweud rhyw eiriau oedd ddim wedi eu harfer o'r blaen roedd rhywun yn dweud y drefn. Ffonio'r rhai oedd yn gweithio yn y swyddfa oedden ni i gymryd arnon ni ein bod ni'n gwneud y rhaglen yn fyw. 'Diolch, cariad.' Chewch chi ddim galw neb yn cariad — mae o'n *sexist*. 'Be' wyt ti'n neud heno?' Dyden ni ddim yn galw neb yn 'ti' ar yr awyr.

Mi ges i sgwrs efo un o ferched y swyddfa. Ble oedd hi wedi bod dros y pen-wythnos. Hithau'n dweud ble. Oedd hi wedi cael peint neu ddau? Oedd. Fel jôc dyma fi'n dweud — 'hen hogan goman!' Fe aethon nhw'n wallgo bost pan glywson nhw beth felly! Ar boen fy mywyd doeddwn i ddim i ddweud hynny.

Pan ddefnyddiais i 'Cadw dy hun yn bur' am y tro cyntaf roedden nhw'n methu coelio beth oedden nhw wedi ei glywed. Roedd hynny'n fyw ar yr awyr. Doedden nhw ddim yn medru dygymod â'r pethau oeddwn i'n eu dweud wrth bobol a'r ffordd oedd gen i o siarad efo nhw. Fe ddaeth R. Alun Evans ata i a gofyn at bwy oeddwn i'n anelu fy rhaglen. 'Mae dweud "Cadw dy hun yn bur" yn awgrymu eich bod chi'n anelu at ferched,' medda fo. Ond wir, doeddwn i ddim wedi meddwl hynny. Dywediad bachog oedd o i mi, rhywbeth i'r gwrandawyr yn gyffredinol fachu arno. Mae'n siŵr ei fod o'n gymaint o newid o'r hen steil a doedd neb wedi gwneud rhywbeth tebyg o'r blaen. Rhaglenni reit sidêt oedd wedi bod yn y prynhawniau cyn i mi ddechrau. Ond fel roedd y rheiny'n gorffen ar ddydd Gwener roedden nhw'n clywed rhyw ddyn gwyllt o'r enw Jonsi wrthi bnawn Llun.

Hwn ydi'r pedwerydd enw i mi ei ddefnyddio fel cyflwynydd. Nid bod trafod ar hynny wedi bod o gwbwl pan ddechreuais efo Radio Cymru. Fe ddigwyddodd yn naturiol rywsut mai Jonsi oeddwn i am fod ac mai rhaglen Jonsi a'r criw oedd yr un newydd sbon sbanci o Fangor. Un o gyflwynwyr Marcher Gold yn Wrecsam, Kevin Howard, oedd wedi dechrau fy ngalw yn Jonsi ar yr awyr pan oeddwn i'n gweithio iddyn nhw. Paratoi'r gynulleidfa oedd o i ddisgwyl y cyflwynydd nesaf i ddechrau arni. Mi fûm i'n ei ddefnyddio fy hun wedyn yn nyddiau Marcher Coast wrth sôn am *Jonsey and the crew*. Doeddwn i ddim wedi meddwl llawer am enw i'w ddefnyddio wrth ddechrau ym Mangor ond fe gydiodd heb i mi feddwl. Am wn i, dim ond Gareth Glyn sydd wedi bod yn fy ngalw yn Eifion Jones a dim arall pan oedd o'n dweud ar fy rhaglen beth fyddai ar y Post Prynhawn yn ddiweddarach.

Y dydd Llun cyntaf ar yr awyr oedd y diwrnod anoddaf bron yn fy hanes. Y ddisg gyntaf oedd un Mojo a'r gân 'Fy nghalon i sy'n curo'. Addas iawn, iawn, credwch chi fi. Hon oedd y rhaglen Gymraeg gyntaf i mi ei chyflwyno ers ambell un ar Sain y Gororau. Mae pymtheng mlynedd yn oes hir mewn darlledu. Roeddwn i wedi dweud mewn mân gyfweliadau yn y papurau a'r cylchgronau cyn dechrau ar y rhaglenni y byddai hi'n cymryd tri mis i mi setlo, blwyddyn i 'Nghymraeg i wella, a blwyddyn ar ôl hynny i bobol ddod i arfer efo fi. Mae hi'n broses hir sefydlu rhaglen radio. Fe gymerodd hi flwyddyn i mi gael fy nhraed danaf a setlo a newid y rhaglen i'r ffordd oeddwn i am iddi fod. Ar y dechrau roedd hi wedi cymryd lle Bant â'r Cart efo Kevin Davies. Roeddwn i'n awyddus i feddalu mwy ar y gerddoriaeth oedd wedi bod yn rhaglen Kevin — mwy canol y ffordd yn y tri chwarter awr cyntaf. Fe gymerodd hi dri mis i newid y gerddoriaeth a defnyddio John ac Alun, Dafydd Iwan a Iona ac Andy a'u tebyg. Doedden nhw ddim yn cael llawer o le yr adeg yma o'r dydd cyn hynny. Wedyn dechrau defnyddio mwy o *jingles*. Ar y dechrau rhyw ddwy neu dair reit strêt oedd gen i ond ar ôl chwe wythnos llwyddais i newid cyfeiriad. Dyma ddefnyddio Ifans y Tryc i wneud rhai mwy doniol ac roedd hynny'n newid steil y rhaglen a rhoi rhyw dinc wahanol iddi. Wrth ddechrau 'Dal dy afal' ar ôl y Nadolig fe newidiodd pethau eto ac ymhen chwe mis roedd hi'n rhaglen hollol wahanol.

Does dim amheuaeth nad oeddwn i'n anifail gwahanol iawn i'r hyn oedd wedi bod o 'mlaen i. Doedden nhw ddim wedi gweld cyflwynydd yn sefyll o flaen y ddesg yn y stiwdio o'r blaen. Mae'n well gen i weithio ar fy nhraed ac felly roeddwn wedi arfer. Dydwi ddim yn ddyn sgript 'chwaith. Mae hi wedi bod yn arferiad yn y BBC i sgriptio pob dim ond roeddwn i'n hollol wahanol i'r hyn oedden nhw wedi ei gael o'r blaen. Cyn mynd ar yr awyr roedd gofyn gwneud rhestr o'r recordiau oedd yn mynd i gael eu chwarae. Fe ddysgon nhw'n ddigon sydyn nad felly roeddwn i'n gweithio. O'r diwrnod cyntaf, y fi oedd yn gyfrifol am ddewis y gerddoriaeth. Pan gyrhaeddais i roedden nhw wedi gofyn am restr o ddisgiau fyddwn i'n eu chwarae — i weld beth oeddwn i'n medru ei wneud mewn gwirionedd. Dwi'n credu eu bod nhw wedi sylweddoli'n fuan iawn fy mod i wedi bod yn bennaeth cerddoriaeth ar dair gorsaf radio cyn cyrraedd Bangor.

Roeddwn wedi helpu efo'r gerddoriaeth mewn gorsafoedd eraill hefyd. Doedden nhw ddim yn hir cyn deall 'mod i'n gwybod beth oeddwn i'n ei wneud. Mi ges i lonydd i fynd ymlaen fel roeddwn i'n gweld orau — heb y *running orders* yr oedd y BBC mor ffond ohonyn nhw. Yn fuan iawn roedden ni'n cynnal y rhaglen fel roedden ni'n ei theimlo hi heb ddilyn y drefn ar bapur. Hwn ydi'r math o radio rydwi'n ei wneud; felly roeddwn i wedi arfer yn y byd annibynnol.

Ymhen dim fe ddechreuodd y bloeddio o wahanol gyfeiriadau wedi i'r Jonsi 'ma ddechrau — pobol yn beirniadu'n llym yn y papurau. Doedd hynny ddim yn annisgwyl gan fy mod i wedi bod yn gymaint o sioc i'r system. Mi wyddwn fod beirniadu'n fewnol a rhai yn credu na fuaswn i'n para'n hir yn y BBC. Wrth reswm roedd y cwyno yn brifo weithiau. Ond mi ges i bob cefnogaeth gan Aled Glynne. Roedd o'n graig y tu ôl i mi ac yn fos a ffrind gorau i mi ei gael erioed. Bob tro mi fedrwn droi ato ar unrhyw adeg o'r dydd a'r nos. Ar adegau fel hyn roedd Hywel Gwynfryn yn help mawr gan ei fod wedi dioddef yr un math o feirniadu pan ddechreuodd Helô Bobol yn y saith degau. Fe ddaliodd Rhodri Tomos yn gadarn tu ôl i mi hefyd ac mi fydda i'n ddiochgar am byth am eu cefnogaeth.

Un waith yn unig y bu'n rhaid i mi orfod mynd at rywun a dweud 'digon yw digon' o feirniadu. Mi ges i ymddiheuriad ond roedden nhw wedi gwneud ffafr â fi hefyd wrth dynnu sylw pobol at fy enw. Dwi'n ofalus iawn sut ydwi'n gweithio pethau efo cyhoeddusrwydd. Mae pob dim sy'n cael ei ddweud amdana i — yn ddrwg neu dda — yn mynd i 'nghyfreithiwr. Wrth gwrs, mae hynny'n wahanol iawn i'r ffordd mae rhai eraill yng Nghymru yn gweithio. Ond dwi wedi bod o gwmpas yn ddigon hir i ddeall y busnes DJs a gwybod sut maen nhw'n cadw trefn ar eu busnes. Ac mae hynny'n bwysig iawn i minnau.

Ddiwedd 1995 fe gyhoeddodd *Golwg* mai fi a Ron Davies o'r Blaid Lafur oedd dau o Gymry'r flwyddyn. Roedd hynny dipyn yn dan din. Doedd y feirniadaeth yn *Golwg* a'r *Cymro* ddim yn fy mhoeni achos ychydig iawn o'r rhai y bydda i yn ceisio eu denu i wrando ar Radio Cymru fyddai yn eu darllen beth bynnag. Yr hyn sydd raid ei wneud efo beirniadaeth yw ei defnyddio i droi'r dŵr i'ch melin eich hun. Fe wnaethon ni hynny a throi'r feirniadaeth yn sylw fel bod llawer iawn mwy yn clywed am Radio Cymru. Mae hyn yn digwydd yn gyson yn Saesneg oherwydd fod cymaint o gystadleuaeth. Ar ôl i mi fod wrthi am chwe mis, efallai nad oedden nhw ddim yn fy licio i ond diawl, roedd pawb wedi clywed amdana i!

Nid fod rhai yn siŵr iawn pwy oeddwn i. Yn yr wythnosau cyntaf mi ges i alwad ffôn ar y rhaglen o ochrau Niwbwrch. Doedd yr ardal ddim yn ddiarth imi achos roeddwn wedi bod yn crwydro'r ffordd honno i garu flynyddoedd yn ôl. Fe fyddai John Wyn o Ben-rhos yn mynd â'i fan i'n cario ni'n dau.

'Dwi'n eich cofio chi pan oeddech chi'n caru ffor'ma ers talwm,' esboniodd y wraig yn ddirybudd.

'Ydach chi?' braidd yn betrus.

'Ydw, dwi'n cofio chi'n iawn.'

'Pwy 'dach chi'n . . .'

'Eich gwraig chi sy'n arwain côr yndê?'

'Pwy 'dach chi'n feddwl ydwi?'

'Eifion Lloyd Jones ydach chi'n de?'

'Naci wir! Mae o'n lot hŷn na fi!'

Wedi deall bod yr Eifion Jones anghywir ganddi doedd

y chwys ddim yn rhedeg cymaint. Fe ddigwyddodd yr ail dro hefyd, ond dieuog oeddwn i y tro hwnnw hefyd!

Dwi'n deall fy mod i wedi bod yn sioc i'r system. Ond fe wnaethon ni ddatblygu'r rhaglen a phrofi fod 150 o alwadau yn dod i mewn mewn awr a hanner bob pnawn. Fe gawson ni lwyddiant yn denu cynulleidfa. Cyn i ni ddechrau doedd y ffigurau gwrando yn dangos dim byd. O leiaf roedd y ffigurau'n dangos ac yn codi.

Gan Gwilym Owen yn *Golwg* y ces i'r gefnogaeth swyddogol gyntaf. Roedd o'n gweld fy mod i'n dod â chynulleidfa newydd i Radio Cymru. Yna Daloni Metcalf o Heno yn rhoi sylw i mi ymhen rhyw dri mis ar ôl i mi ddechrau. Tua'r adeg honno y dechreuodd pethau newid o fy mhlaid i. Ac eto o'r diwrnod cyntaf roedden ni'n gwybod fod pobol yn gwrando achos roedd y galwadau ffôn yn mynd i fyny ac i fyny. Yr hyn oedd yn ddiddorol oedd ein bod ni'n denu'r gwrandawyr cyffredin i wrando ar Radio Cymru. Hon oedd y gynulleidfa yr oedd Aled Glynne am ei chael — cynulleidfa newydd sbon i'r orsaf. Wrth weld fod y bobol gyffredin yn gwrando fe gawson ni fwy o barch gan y rhai oedd yn beirniadu, ond fe gymerodd hi amser. Hyd yn oed o fewn y BBC, cyndyn oedd rhai i ddweud ein bod ni wedi taro rhyw nodyn ac roedden nhw'n dal i droi eu trwynau. Dwi ddim yn credu y medran nhw wneud hynny erbyn hyn achos rydwi wedi profi fy hun a phrofi y medra i gael cystadleuaeth. Does dim rhaid iddyn nhw fy licio i ond mae'n rhaid iddyn nhw 'mharchu i. Efallai nad ydwi'n hoff iawn ohonyn nhw ond rydwi yn eu parchu am yr hyn maen nhw'n ei wneud.

Fe ofynnodd rhywun i mi ar ôl chwe mis a oedd y beirniadu wedi mynd yn ormod i mi. Fuaswn i'n pacio i fyny o achos y cega? Mae'n rhaid i mi gyfaddef fod mwy o ddiawl y tu mewn i mi ar ôl y beirniadu. Dwi'n debyg iawn i 'Nhad yn hynny o beth. Roedd yntau fel finnau yn cael ei gorddi ac yn gwneud yn siŵr fod y feirniadaeth yn cael ei threchu.

Rydwi'n gredwr cryf yn y dywediad Saesneg *'There's no such thing as bad publicity'*. Fe wnaethon ni ddefnydd o'r sylw ges i a rydwi'n gwybod pa mor bwysig ydi bod enw rhywun i'w glywed er mwyn denu rhagor o gynulleidfa. Ar lwyfan yr Eisteddfod Genedlaethol fe soniodd Derec Llwyd Morgan amdana i.

'Mater o farn yw hi a ydych chi'n hoffi Jonsi neu beidio,' medda fo.

Briliant! Anhygoel! Dwi'n cofio teimlo mor ddiolchgar i Derec Llwyd Morgan am sôn amdana i ar lwyfan y Genedlaethol. Welais i byth mohono ond rhyw ddiwrnod dwi isio mynd ato fo i ysgwyd ei law a dweud wrtho gymaint o ffafr wnaeth o efo fi y diwrnod hwnnw. Petawn i wedi gorfod prynu'r math yna o gyhoeddusrwydd fe fyddai wedi costio miloedd o bunnau. Mi fuaswn i'n ddigon balch petai rhywun yn sôn amdana i ymhob Eisteddfod yr Urdd a'r Genedlaethol am flynyddoedd.

Wrth gyfeirio ata i roedd pobol fel Derec Llwyd Morgan yn syrthio i'r trap o siarad amdana i a dyna oeddwn i am iddyn nhw ei wneud. Roedd yn bwysig i mi ar y pryd fy mod i'n cael sylw. Pan oeddwn i'n gadael Marcher mi ges i wybod yn ddigon plaen fod y drws wedi cau i mi fynd yn ôl atyn nhw. Yno hefyd roedd 'na rai wedi meddwl y byddwn i'n disgyn ar fy mhen ôl. Oherwydd hynny fy ngobaith mawr oedd y byddai'r rhaglen yn llwyddo. Petai hi ddim wedi cydio fel y peth newydd, gwahanol, fe fyddai hynny wedi mynd â ni'n ôl fel gorsaf. Wedyn fe fyddai'r beirniaid wedi cael dweud 'mae'n amlwg nad ydi'r gynulleidfa ddim isio y math yma o beth'. Mae gen i le i fod yn ddiolchgar na wnaeth y gynulleidfa, drwodd a thro, ddim ymateb fel yna.

Dydwi ddim am swnio'n bwysig ond oni bai fod Jonsi wedi llwyddo dwi ddim yn meddwl y byddai Radio Cymru wedi gweld Dafydd Du, Y Parchedig Pop, Becs, Geraint Lloyd na Chris Needs. Jonsi giciodd y drws i lawr i roi lle i gyflwynwyr newydd a rhoi sŵn gwahanol i Radio Cymru.

Dal dy afal

Braidd yn anghyfleus oedd byw yn Wrecsam a gweithio ym Mangor. Er mor hapus oeddwn i wedi bod yn y tŷ yng Ngwersyllt roedd yn rhaid i mi ei werthu a meddwl am symud yn nes at fy ngwaith newydd. Haws dweud na gwneud. Am flwyddyn doedd neb yn cynnig amdano. Yn lle gorfod teithio yn ôl ac ymlaen bob dydd roeddwn yn aros efo fy mrawd ym Mangor am ran o'r wythnos ac yn mynd i Wrecsam dros y Sul. Ond yn sydyn reit, fe ddaeth prynwr ac roedd am symud i'r tŷ yn syth. Doedd gen i ddim cartref o fath yn y byd wedyn. Tra oeddwn i'n chwilio am dŷ yng nghyffiniau Bangor mi es i ddigs am ddeufis. Roeddwn yn aros efo Gwyneth yn Hirael, Bangor yn ystod yr wythnos a mynd at y teulu dros y penwythnos. Bryd hynny roedd fy hen gartref ym Mhenrhosgarnedd yn dal ar werth. Mi ges i awydd ei brynu ond roedd gen i deimladau cymysg ynglŷn â hynny a doeddwn i ddim yn siŵr a fyddai'n beth doeth mynd yn ôl yno i fyw. Er i mi chwilio am dai mewn llefydd fel Y Felinheli, Llanberis a Dinorwig, yn y diwedd ym Mhorthaethwy y gwelais i'r tŷ oedd yn apelio ata i. Nid yn unig y tŷ ond y lleoliad hefyd. Mae Porthaethwy mor gyfleus i bob man. Ar un ochr mae'n bosib taro i Lerpwl mewn awr a hanner. Wrth fynd i'r cyfeiriad arall mae rhywun ym mhen draw'r byd yn Aberdaron mewn llai nag awr.

Wrth ddisgwyl am y 'goriad i'r tŷ dyma benderfynu y

byddwn i'n cymryd gwyliau. Camgymeriad braidd. Mynd i Palma ym Majorca ar fy mhen fy hun wnes i. Un bore wrth ruthro i lawr stepiau gwlyb yn fy fflip-fflops i chwilio am bapur newydd mi lithrais a tharo fy mhen-glin. Fe gododd chwydd fel pêl griced ac roedd yn rhaid mynd i'r ysbyty. Rhagor o bigiadau ddaeth i'r meddwl wrth gofio am fy mhrofiad cyntaf o ysbyty yn Sbaen! Roedd hwn yn waeth o lawer i'w drin na brathiad ci. Doedd dim i'w wneud, medden nhw, ond draenio'r dŵr oedd wedi hel ar fy mhen-glin. Ches i erioed driniaeth mor boenus. Ac er mwyn cadw'r chwydd i lawr roedden nhw'n gosod bandej o dop fy nghoes i'w gwaelod. Roedd hwnnw i fod i bara am bedwar diwrnod cyn i mi fynd yn ôl i'w gweld. Mynd o gwmpas ar ffyn baglau oeddwn i am y diwrnodau hynny.

Fe ddywedodd rhywun wrtha i fod tynnu'r dŵr o'r pen-glin yn gêm i'r ysbyty wneud pres. Pan es i'n ôl atyn nhw mi wrthodais iddyn nhw dynnu 'chwaneg. Doedden nhw ddim yn hapus o gwbwl ac fe aethon nhw'n ddigon annifyr. A dyma nhw'n cymryd y ffyn baglau oddi arna i!

Oherwydd y drafferth mi ddois adref dridiau'n fuan. Wrth lwc mi ges i sêt ar yr awyren i mi gael lle i ymestyn fy nghoes. Ond roedd y car wedi ei barcio ym Manceinion! Sut oeddwn i am yrru hwnnw'n ôl i Fangor? Roeddwn rhwng dau feddwl a fyddwn yn ffonio fy mrawd i ddod draw i'm helpu. Penderfynu dreifio fy hun wnes i. Am mai'r goes chwith oedd hi roedd hi fymryn yn haws. Fe gyrhaeddais yn ôl ym Mangor ac yn syth am Ysbyty Gwynedd. Doeddwn i ddim angen y bandej, medden nhw. Ymhen ychydig fe fyddai'r dŵr yn diflannu ohono'i hun. Y nhw oedd yn iawn. A finna wedi dioddef y boen i geisio cael gwared ohono ym Majorca. Mae 'na lawer i'w ddweud dros yr hen Wasanaeth Iechyd sydd gynnon ni. Ond mi fûm i'n dioddef am ryw fis wedyn ac yn hercian o gwmpas y lle.

Ar ôl naw mis o fod wrthi o hanner awr wedi tri tan bump fe benderfynodd Aled Glynne roi hanner awr ychwanegol i mi. Wrth ddechrau am dri roedd hynny'n help i mi. Fe fyddai'n rhoi gwell cyfle i mi feddalu'r gerddoriaeth yn fwy eto ac yn rhoi mwy o ryddid i mi ddatblygu rhagor ar y rhaglen fel roeddwn i'n gweld orau. Roeddwn i'n cael llonydd i gario 'mlaen a gweithio mwy neu lai yn debyg i'r hyn oeddwn i wedi arfer ag o mewn gorsafoedd annibynnol. Rhaid i mi gyfaddef fy mod i'n mynd i mewn i'r stiwdio heb ddim clem pa ddisgiau dwi'n mynd i'w chwarae yn ystod y rhaglen. Does gen i ddim trefn na phapur o 'mlaen yn dweud beth ydi'r record nesaf. Mae gen i syniad pa rai fydda i yn eu chwarae ond ym mha drefn sydd gwestiwn arall. Digwydd syrthio i'w lle mae pethau felly. Fel yna y bydda i'n gweithio. Dyna'r unig ffordd y mae'r adrenalin yn pwmpio. Mae'r adrenalin yn bwysig iawn i mi wrth weithio a fydda i ddim ar fy ngorau os na fydd hwnnw'n llifo'n iawn.

Help mawr i rywun deimlo ar ei orau ydi gwybod fod gynnoch chi gynulleidfa sy'n ymateb. Bob dydd mae'r ffôns wedi bod yn brysur. Mae hynny'n un arwydd ein bod ni'n cyrraedd y clustiau roedden ni'n anelu atyn nhw. Yn well na dim dwi'n gwybod ein bod ni wedi cael cynulleidfa newydd i Radio Cymru. Y *brief* ges i oedd mynd ati i ddenu math gwahanol o bobol i wrando ar y gwasanaeth cenedlaethol. Mae'r ymateb wedi bod yn aruthrol. Fedra i ddim coelio'r hyn sy'n digwydd yn aml iawn. Ym maes awyr Manceinion dwi wedi gweld pobol yn dod ata i i siarad am y rhaglen. Pobol ar y stryd yn

Lerpwl wedyn yn gweiddi 'Dal dy afal, Jonsi!' Hyd yn oed hogyn un ar ddeg oed o Gaernarfon ar ei wyliau yn yr Eidal yn gweiddi 'dal dy afal, yr hen goes!' arna i pan oeddwn i'n dod oddi ar gwch yn Venice. Roedd o, fel finnau, wedi mynd yno ar ôl yr Eisteddfod Genedlaethol oherwydd roedd o'n gwisgo'r rhan fwyaf o'r trugareddau oedd i'w cael ar stondin Radio Cymru!

Roedd hi wedi bod yn fwriad o'r dechrau cael hyd i ddywediadau bachog i'w defnyddio ar y rhaglen. Pethau ydyn nhw dwi wedi eu clywed yma ac acw, fel 'yr hen goes' a 'sbïwch arna i pan fydda i'n siarad efo chi'. Mae rhywun yn clywed y rhain yn cael eu defnyddio yn naturiol. Un o ddywediadau'r ysgol ydi 'sbïwch arna i . . .' pan fyddai'r athro yn mynnu cael sylw rhywun. Ac mae o wedi gweithio'n reit effeithiol ar y radio hefyd pan mae rhai yn osgoi ateb ambell gwestiwn ar ei ben.

Dwi'n gwybod fod 'cadw dy hun yn bur' wedi bod yn destun siarad mawr ar ôl y tro cyntaf i mi ei ddefnyddio yn y pnawniau. Dyna oedd geiriau olaf y rhaglen am gyfnod go hir. Gorau oll os oedd pobol yn sôn amdano y naill wrth y llall. Roedd hynny'n golygu ennill gwrandäwr newydd bob tro! Doedd gen i ddim bwriad iddo fod yn wahanol i'r hyn oedd yn cael ei ddefnyddio yn Saesneg. Wrth ei gyfieithu roedd yn swnio'n ddigon Cymreig a dwi'n gobeithio fod hynny'n wir am bob un ohonyn nhw.

Y gêm wnaethon ni ei defnyddio yn ystod y rhaglen sydd wedi gwneud 'dal dy afal' yn boblogaidd. Gêm debyg i'r *one-armed bandit* oedd hon ac ar y dechrau roeddwn i wedi meddwl ei galw yn 'dal dy fanana'. Wrth siarad am y syniad yn y swyddfa fe gynigiodd Lowri Evans, un o'r cynhyrchwyr, y byddai hi'n well defnyddio 'dal dy afal'. Roedd o'n llawer iawn gwell chwarae ar ddywediad Cymraeg da oedd yn bod yn barod. Yn sicr, mae hwnnw wedi gafael er ein bod ni wedi defnyddio llai o'r gêm yn ddiweddar. Ar un o raglenni ffermio Radio Cymru mi glywais i ffermwr o ochrau Harlech yn cyfeirio at beiriant codi cerrig oedd ganddo fel Jonsi. 'Dal dy afal' oedd o'n ei ddweud wrtho!

Yn Sir Fôn y clywais i 'llaeth mwnci' a'r hen Ifans y Tryc oedd yn dweud 'cherry bincs'. Dim fy mod i'n yfed llawer fy hun o gwbwl erbyn heddiw o'i gymharu â dyddiau Caerdydd er enghraifft. Yr adeg honno roedden ni'n byw a bod mewn tafarnau er na fyddwn i'n yfed mwy na rhyw ddau neu dri pheint bob nos. Ond roedd o'n lot mewn wythnos. O'r holl eiriau, y rhain sydd yn ymwneud ag yfed sydd wedi cydio fwyaf mae'n siŵr gen i. Pan fydda i'n cerdded ar y stryd mae rhywun yn saff o weiddi 'cherry bincs'. Hwn a 'llaeth mwnci' sydd wedi eu defnyddio amlaf mewn sgyrsiau efo fi. Does dim rhaid i mi eu dweud nhw: mae pobol eu hunain yn eu taflu nhw i mewn i'r sgwrs heb boeni dim.

Mae 'na bethau rhyfeddach yn cydio hefyd. Ambell dro ar ôl chwarae cân gan Tecwyn Ifan dwi wedi dweud 'mwstash enwoca' Cymru'. Doeddwn i ddim wedi meddwl mwy am y peth nes i mi weld y geiriau ar boster. Wrth stopio ym Mhenrhyndeudraeth ar y ffordd o Barti Ponti ym Mhontypridd beth oedd yn syllu arna i yn y ffenest ond 'Mwstash Enwoca' Cymru' uwchben enw Tecwyn Ifan. Roedd yn canu yn y cyffiniau yn fuan.

Erbyn hyn mae 'na Ŵyl Pen Draw'r Byd. Mae rhai wedi bod yn meddwl fy mod i'n gwneud hwyl am ben Pen Llŷn wrth alw'r lle yn 'ben draw'r byd'. Dwi rioed wedi ei olygu felly. Mae gen i ormod o gysylltiad teuluol â'r lle. Fuaswn i ddim yn ei ddefnyddio petawn i'n meddwl ei fod yn beth cas i'w ddweud. Mae gen i feddwl y byd o bobol Pen Llŷn. Y nhw ydi'r gorau ar y ffôn efo fi ac maen nhw'n gymaint o gymeriadau. Efo nhw y bydda i yn cael y mwya' o sbort a hwyl. Roeddwn i'n falch iawn o glywed fod Gŵyl Pen Draw'r Byd yn cael ei chynnal yn Aberdaron. Mae'n profi nad ydi pobol yn cymryd atyn pan fydda i'n dweud rhyw eiriau fel hyn.

Fe ddaeth y 'boi clên' yn eitha naturiol. Dyna fyddwn i'n galw rhywun sy'n ymddwyn yn gall a chyfeillgar bob amser. Un felly'n union ydi'r 'boi clên', Dylan Wyn. Roedd o newydd ymuno â'r BBC pan ddechreuais i. Digwydd dweud un diwrnod wnes i fod 'na foi clên yn mynd i ateb y ffôn ac o hynny ymlaen dyna ydi'r enw sydd wedi glynu.

Mae'r dywediadau'n bwysig i mi. Dwi'n credu ei bod yn werth eu cadw nhw a chael rhai newydd atyn nhw bob hyn a hyn. Am flynyddoedd mae Alan Freeman wedi bod yn defnyddio'r un *catchphrases ('All right, not 'alf, pop pickers')* heb i'r gynulleidfa 'laru arnyn nhw. Mae gen i syniad mai rhai fel fi sy'n cael digon arnyn nhw ond dydi'r gwrandawyr ddim. Dyna pam na fyddwn i'n fodlon cael 'madael â nhw.

Heb i mi feddwl o gwbwl mae ambell beth wedi cydio'n syth. Pan oeddwn i'n siarad un pnawn fe ddigwyddodd un wraig ddweud ei bod wrthi'n gwneud cacen.

'Os byddwn ni i lawr ffordd yna, cofiwch ddod â chacen i ni,' meddwn innau. 'Cacen siocled fydda i'n ei licio.'

Mae hynny'n wir, cacen siocled neu bwdin siocled ydi'r ffefryn erioed. Wedyn y dechreuodd y cacenni gyrraedd y BBC ym Mangor, a phan fyddwn ni'n mynd o gwmpas y wlad. Bob tro y byddwn ni yn Y Bala mae Glenys yn paratoi cacen siocled. Mi ges i ddeg arall yno unwaith. Roeddwn i ofn am fy mywyd cymryd tamaid o un a phechu yn erbyn y lleill. Dyna lle roedden nhw'n sbïo arna i er mwyn gweld p'run fuaswn i'n fwyta gyntaf!

Yn Eisteddfod Genedlaethol Y Bala fe ddaeth Glenys â chacen siocled i mi pan oedden ni ar yr awyr. Mi rhois hi ar lawr y tu ôl i mi a dyna'r olwg olaf ges i arni. Mae 'na ladron cacenni siocled yn Y Bala!

Wedi i'r rhaglen bnawn sefydlu ei hun roeddwn yn cael cynnig gwneud rhaglen hwyr ar nos Sadwrn. Tueddu i ddweud nad oedd pobol ddim yn gwrando rhwng deg a hanner nos ar nos Sadwrn yr oedd rhai. Ond roedd yr ymateb yn galonogol iawn. Fe fyddai rhyw gant yn ffonio i ateb cwestiwn a chael sgwrs. Merched oedd y rhan fwyaf, yn ffonio o bosib pan oedd eu gwŷr yn gwylio *Match of the Day*. Dim ond am chwe mis y ces i gyflwyno honno achos mi symudais i fore Sadwrn yn lle hynny. Codi cynnar eto! Ond, chwarae teg, nid rhy gynnar gan mai am hanner awr wedi wyth mae'r rhaglen yn dechrau. Y syniad oedd anelu at gynulleidfa mor eang â phosib ond meddwl am gystadlaethau i blant yn y tri chwarter awr cyntaf a mwy am bobol ifanc cyn i Dafydd Du ddechrau arni am ddeg.

Mi fydda i'n cael hwyl efo plant. Maen nhw mor ddiniwed, yn ystyr orau'r gair. Peidio siarad i lawr efo plant ydi'r gyfrinach. Gan blentyn y cewch chi wybod pethau na fyddai oedolion byth yn eu dweud. Er, yn gyffredinol, erbyn hyn mae pobol yn fwy agored nag y bydden nhw rai blynyddoedd yn ôl. Dwi'n cofio athrawes ifanc o ochrau Caernarfon ar raglen bore Sadwrn yn dweud yn berffaith blaen wrth bawb oedd yn ei chlywed ei bod yn byw efo'i chariad. Fyddai hynny byth yn digwydd ychydig flynyddoedd yn ôl.

Yna yn Ebrill 1998 roeddwn i ar grwydr eto ar donfeddi Radio Cymru. Fe wnaed y penderfyniad i symud y rhaglen bnawn i'r bore. Yn lle Kevin a Nia roedden nhw am gael Jonsi am ugain munud wedi wyth. Yna ymuno â Nia Roberts am hanner awr wedi naw i agor siop yr ocsiwn. Er fy mod i'n dal pobol ar adeg wahanol o'r dydd — adeg brysur iawn mewn llawer o gartrefi — mae'r ffôns wedi dal i ganu yr un mor gyson. Ac mae pobol yn dal i ddweud pethau yr un mor rhyfygus wrtha i.

'*How are you?*' meddai un wraig rhyw fore.

''Dach chi ddim isio siarad Saesneg efo fi,' meddwn innau.

'O, 'dach chi'n *bilingual.*'

'Ydw, 'dach chi'n iawn.'

''Dach chi'n *bisexual* hefyd?' medda hi wedyn.

'Dwi'n siŵr na dwi ddim yn hynny!'

Mae'r ymateb i'r gwahanol gystadlaethau wedi bod yn rhyfeddol ac mae'r rhai sy'n ffonio yn barod iawn i gael hwyl. Mi fydda i'n cael trafferth i gadw wyneb syth yn aml iawn pan fydd ambell un yn cymryd rhan. A chwysu weithiau. John Lloyd o Wrecsam yn ffonio. Un o Sir Fôn ydi John ond yn gomidian o gwmpas y clybiau. Roedd am ddweud beth oedd ganddo yn ei law.

'Mae hi'n fwy nag un neb arall,' oedd ei gliw cyntaf.

'Mae hi'n hir ac yn flewog.' Roedd pethau'n mynd yn waeth!

'Dim clem, John. Un cliw arall,' a chau fy llygaid wrth ofyn.

'Licio mewn llefydd gwlyb!'

I'w gorffen hi dyma fo'n dweud fod ganddo ddwy. A

beth oedden nhw ond cŵn Newfoundland! Fûm i erioed mor falch o gael gwybod yr ateb!

Fe gawson ni sawl cymeriad yn y slot 'enwog am funud'. Dychmygu eu gweld nhw wrthi fydda i, yn chwarae llwyau neu'n canu'r organ, a rhywun yn fan'no yn dal y ffôn iddyn nhw. Mae'r darlun yn un doniol iawn! Dyna sydd mor arbennig am radio, mae'n bosib creu eich darluniau eich hun wrth wrando ar rai eraill yn cymryd rhan.

Ar y telibocs

Dyn radio dwi wedi bod erioed. Er bod 'na goel fod pobol radio eisio bod yn bobol teledu dydi hynny ddim yn wir yn fy achos i. Fuasai o ddim yn fy mhoeni petawn i byth yn gwneud dim ar y telibocs. Dydio ddim yn dilyn bod y rhai sy'n llwyddiannus ar y radio yn mynd i lwyddo ar y teledu, neu fel arall. Ar hyd y blynyddoedd dwi wedi sylwi mai ychydig iawn o bobol teledu da sydd yn gweithio ar y radio, a hynny yn Lloegr hefyd. Ar wahân i un neu ddau fel Noel Edmunds a Terry Wogan mae'r enghreifftiau'n brin. O feddwl y dewis sydd gan Loegr mae Cymru yn gwneud yn dda iawn. Mae angen crefft wahanol mewn teledu a radio a dydio ddim yn dilyn y bydd y sawl sy'n dda ar un yn llwyddo yn y llall.

Tueddu i edrych i lawr ar bobol radio y mae rhai sy'n gweithio i deledu. Mae hynny'n fy ngwylltio! A fydda i ddim yn cymryd at y rheiny sy'n dechrau efo radio fel rhyw gam cyn troi at y bocs. Ar un ystyr mae teledu lawer yn haws. Yn y math o raglenni radio dwi'n eu gwneud does 'na ddim cyfle i ail-wneud dim am eu bod nhw'n fyw. O'r ychydig brofiad sydd gen i o deledu dwi'n ei weld yn gyfrwng oeraidd iawn o'i gymharu â radio. Does dim cynhesrwydd mewn stiwdio deledu er mor boeth ydi'r goleuadau. Mae o'n medru bod yn anifail digon brwnt hefyd. Weithiau fe all wneud cam â phobol drwy droi rhai del yn blaen a'r plaen yn ddel!

Er fy mod i wedi cael rhannau *extras* mewn dramâu

teledu Saesneg, yn Gymraeg yr ydwi wedi siarad fwyaf ar y telibocs. 'Heno' oedd y rhaglen gyntaf i gymryd sylw ohona i ar ôl i mi ddechrau darlledu yn Gymraeg. Ond mae hi wedi prysuro tipyn ers hynny. Mi ges i wahoddiad i fynd ar 'Sgrin Ti Syniad?' a bod yn yr un tîm â Siân Lloyd. Roedd hynny'n beth braf, cael ymddangos ar raglen efo hi flynyddoedd ar ôl ei chyfarfod gyntaf yn CBC. Wedyn mynd yn un o westeion Hywel Gwynfryn yn y gyfres 'Bancar'.

Margaret Williams oedd y nesaf. Sgwrs amdana i oedd hon, dipyn gwahanol i gwis. Holi am Jonsi oedd hi a'r holl bethau sy'n digwydd ar y rhaglen radio. Ond roedd hi'n wych am wneud i rywun deimlo'n gartrefol. Mae ganddi gymaint o brofiad ac yn deall y busnes i'r dim. Mi wnes i fwynhau bod yn ei chwmni.

Dod i fy nhŷ i ffilmio wnaeth Dudley. Am wneud cacen siocled i mi roedd o, chwarae teg i'r hen hogyn! Un flasus oedd hi hefyd. Newydd gael cegin newydd oeddwn i pan ddaeth y criw i ffilmio. Peidiwch â dangos y llawr, meddwn i wrthyn nhw. Cadwch y camera arnon ni a be' welwch chi tu ôl inni. Roedd y llawr wedi ei godi i gyd yn barod i osod llawr newydd. A welodd neb yr olwg oedd ar hwnnw!

Doedd y profiadau cyntaf o deledu yn ddim byd tebyg i'r hyn oedd i ddod. Mae sôn am y 'Brodyr Bach' a 'Penblwydd Hapus' yn gwneud imi deimlo'n wan i gyd. Anghofia i byth y pnawn hwnnw ym Mryn Meirion pan oedd Gareth Glyn yn sâl. Glyn Thomas, cynhyrchydd Post Prynhawn ddaeth ata i wrth i mi fynd i wneud fy rhaglen. Roedd ganddo broblem. Oedd, roedd Gareth Glyn yn griddfan yn fan'no o 'mlaen i yn cwyno efo'i stumog. Doedd o ddim yn edrych yn ffit i gyflwyno'i raglen! Wnes i ddim cymryd llawer o sylw, dim ond mynd i fyny'r grisiau ac i'r stiwdio i wneud fy rhaglen. Mi welwn i focs bach o 'mlaen i a nodyn gan Alistair Tye, y peiriannydd. Roedden nhw'n rhoi prawf ar ryw offer newydd cyn symud i'r stiwdio newydd dros y ffordd. Heb yn wybod i mi, camera bach oedd o ac fe fu'n syllu arna i am ddwy awr.

Cyn pump o'r gloch mi ges i rybudd i beidio sôn am Gareth Glyn yn cyflwyno'r rhaglen nesaf. Am bump yr hyn oeddwn i'n ei glywed oedd llais Nia Wyn yn dweud fod trafferth cysylltu efo Post Prynhawn. Ar hynny fe ruthrodd Glyn Thomas a chriw'r Post i mewn ata i. Roedd Gareth Glyn wedi chwydu dros y ddesg yn eu stiwdio nhw a Siân Pari Huws ar ei ffordd i mewn i gyflwyno yn ei le. Ond cyn iddi gyrraedd, tybed a fuaswn i'n darllen y newyddion a chario 'mlaen efo'r Post? 'Na, na, fedra i ddim,' meddwn i. Yn y diwedd, ar ôl lot o berswâd gan Glyn, ar ei liniau yn pledio arna i, mi es i yn fy mlaen i gyflwyno'r Post Prynhawn. Fedrwn i ddim deall y sgript yn iawn. Doedd hi ddim yn gwneud synnwyr o gwbwl i mi. Roedd Vaughan Hughes yn un o'r rhai ddaeth i mewn i gael ei holi ac roedd o'n dweud wrtha i wedyn ei fod o'n gweld fy wyneb i'n brifo. Hwn oedd yr hanner awr hwya yn fy mywyd i. Mi ddechreuais feddwl fod rhywbeth yn od pan glywais i lais Dafydd Wigley o stiwdio arall. Doedd o ddim yn swnio'n union yr un fath. Emyr Roberts oedd yn ei ddynwared! Am y deng munud olaf roeddwn i'n dechrau amau fod rhywun yn tynnu coes ond roeddwn i'n dal i ofni eu bod o ddifri. Fûm i erioed mor falch o weld y Brodyr Bach yn cerdded i mewn. Doedd yr un eiliad wedi cael ei ddarlledu'n fyw, diolch i'r drefn am hynny! Fe gafodd y Brodyr Bach eu hwyl ac fe ddangoswyd yr hanes ar eu rhaglen Nadolig. Mae'r tâp yn dal gen i ond dydio ddim y math o beth dwi am ei weld yn aml, diolch yn fawr!

Wedi'r profiad uffernol hwnnw doedd teledu ddim yn agos iawn at fy nghalon. Am ryw reswm rhyfedd mi soniais wrth Elen, fy chwaer, mai'r unig beth gwaeth allai ddigwydd oedd cael fy nal gan 'Pen-blwydd Hapus'. 'Os dôn nhw ar dy ofyn di am ganiatâd i'w wneud o,' meddwn i wrthi, 'dwi ddim eisio'u gweld nhw.' Dwi ddim yn licio'r lol a rhyw stwnsh fel yna, a dyna fo. A pheth arall, doeddwn i ddim yn meddwl fy mod i'n ddigon diddorol iddyn nhw. Yn sicr, roedd hi'n gwybod ble oeddwn i'n sefyll 'taen nhw'n dod ati. Mae'n siŵr fod gen i ryw ddawn i ragweld pethau. Ymhen dim roedd pobol 'Pen-blwydd Hapus' yn holi Elen amdana i. Gan ei bod yn gwybod beth oedd fy marn fe wrthododd ond fe ddaethon nhw'n ôl eto i drio'i pherswadio. Dim ond drwy siarad ag Aled Glynne ac iddo fo gymryd y cyfrifoldeb petawn i'n flin y rhoddodd Elen ganiatâd.

Wrth feddwl yn ôl roedd 'na bethau digon rhyfedd wedi bod yn digwydd. Noson cyn fy mhen-blwydd roedd fy nghariad yn gofyn beth oeddwn i am ei wisgo drannoeth. Mi fydda i'n mynd i weithio'n aml iawn heb shafio am dridiau a heb falio llawer beth fydd amdana i.

'Pam?' meddwn i wrthi.

'Mae hi'n ddiwrnod dy ben-blwydd di.'

'Oes ots be wisga i i weithio ar ddiwrnod fy mhen-blwydd?'

Mi wnes i shafio ar fore Ebrill 17, 1998. Roeddwn wedi digwydd codi yn ddigon buan. Yng nghanol fy mhethau efo'r ocsiwn am ddeng munud i ddeg pwy gerddodd i mewn i'r stiwdio ym Mangor ond Arfon Haines Davies.

Dyna beth oedd uffach o sioc! Rhyw deimlad fel petawn i'n llygoden mewn trap yn methu dianc oddi wrth y camera a'r meic. Mi allwn fod wedi dweud rhywbeth fel '*Shit*' ond wnes i ddim, wrth lwc. Roeddwn wedi fy nal.

Unwaith mae'r rhwyd wedi cau mae rhywun yn ysu i gael y rhaglen o'r ffordd. Roedd hi'n wythnos hir ofnadwy cyn recordio. Am ddyddiau roedd pethau'n mynd trwy feddwl dyn: be' maen nhw am i mi ei wneud?; pwy sy'n mynd i ddod i fyny?; be' maen nhw'n mynd i'w ddweud? Mi ges i amheuon mawr oeddwn i am gymryd rhan o gwbwl yn y rhaglen. Roeddwn yn teimlo'r cyfan yn fwrn arna i. Yn y diwedd doedd dim i'w wneud ond bodloni. Doedd gen i ddim byd i'w guddio. Fedrwn i ddim gadael y criw i lawr a hwythau wedi gweithio mor galed yn paratoi. Ond mi es i ymlaen er mwyn y teulu yn fwy na dim. Fe fyddai'n gymaint o siom iddyn nhw petawn i wedi gwrthod gwneud y rhaglen.

Cyngor Arfon Haines Davies, fel i bawb arall, medda fo, oedd i mi drio mwynhau fy hun. Roeddwn i'n adnabod Arfon ers dyddiau Caerdydd pan fuon ni'n dau yn cerdded adref yn yr eira mawr yn yr wyth degau. Wedi bod mewn clwb nos, roedden ni'n chwilio am dacsi yng nghanol yr eira ond roedd 'na ormod o drwch iddyn nhw fod allan. Ar nos Sul ym mis Ebrill yng Nghaernarfon mi ges i fwy na thacsi gan Arfon. Car mawr du aeth â ni i stiwdio Barcud i recordio'r rhaglen. I mewn â ni i ganol yr holl bobol oedd yn disgwyl amdanon ni. Y rheiny'n codi fel 'taen nhw mewn angladd a finnau'n cerdded trwy eu canol. Dwi'n cofio fawr iawn am drefn y noson. Mae rhai yn dweud fod y profiad yn debyg iawn i briodi ac mai ychydig iawn ydach chi'n ei gofio o'r diwrnod hwnnw. Ond dwi erioed wedi priodi, felly fedra i ddim cymharu'r ddau achlysur! Ar adegau, fe ddaw rhannau o'r noson yn ôl i'm cof. Roedd John Wyn o Benrhos yno yn sôn amdanon ni'n mynd i Ddyffryn Ardudwy i weld merch roeddwn i'n mynd efo hi ar y pryd. Am fod twll yn y llawr roedd yr *heater* ymlaen, ac un goes yn boeth a'r llall yn oer! Oherwydd hynny fe ddaethon nhw â char Porche mawr i mewn. Roeddwn i fod i'w gael am ddiwrnod, ond byth wedi manteisio ar hynny.

Un arall dwi'n ei gofio yno ydi Aled Lewis Evans oedd yn arfer gweithio efo fi yn Sain y Gororau. Fy atgoffa i o'r wraig yn ffonio o Cock Shutt yn Sir Amwythig wnaeth o. Doeddwn i erioed wedi clywed am y lle ac yn dechrau poeni beth oedd hi'n ei ddweud wrtha i. Medwyn Hughes o Fangor oedd yn cymryd rhan hefyd. Ar dâp oedd o yn cerdded yn ei ardd yn sôn am ryw ddigwyddiad ym Mangor Uchaf, a finnau'n cofio dim am y peth! Cynhyrchydd efo *Songs of Praise* ydi Medwyn ond fe fuon ni'n dau yn darlledu ar Radio C&A ers talwm. Yn hollol annisgwyl hefyd pwy ddaeth i fyny i ddymuno pen-blwydd hapus i mi ond Chris Needs. Roedd hynny'n dipyn o sioc! Doeddwn i erioed wedi meddwl am rai yn teithio mor bell i ddod i 'ngweld. Tua'r diwedd yn rhywle fe fu'n rhaid i mi fynd allan i newid i ddod yn ôl i ddawnsio-llinell efo rhai o 'ngwrandawyr ffyddlon ar Radio Cymru! Mi ges i dorri'r gacen yn weddol fuan wedyn a rhoi ochenaid o ryddhad.

Ers hynny dwi wedi cael profiadau teledu ychydig mwy dymunol. Diwrnod braf oedd hwnnw yn Berlin yn cyflwyno rhaglen yn ymwneud ag Ewrop i BBC Cymru. Fe gafodd ei dangos ar Noson Ewrop S4C. Mae cyflwyno ar deledu mor wahanol. Rhaid bod yn ofalus faint mae rhywun yn symud o flaen y camera. Wedi arfer gwneud pob math o stumiau mewn stiwdio radio mae'n anodd llonyddu ar gyfer y camera a dweud beth ydech chi am ei ddweud heb symud gormod. Roedd gen i ychydig mwy o le i mi fy hun pan oeddwn i'n cyflwyno'r grwpiau fel rhan o noson Tenovus. Ond yn stiwdio 'Heno' yn Dafen, Llanelli y ces i'r cyfarfyddiad rhyfeddaf, cyn i'r camera ddechrau troi yn un o'r rhaglenni nos Sadwrn.

Un o gantorion y rhaglen oedd Doreen Lewis. Fe ddywedodd drymiwr y grŵp oedd yn gefndir iddi ein bod ni wedi cyfarfod o'r blaen.

'Dwi ddim yn meddwl,' meddwn i. Terry Williams, drymiwr un o'r grwpiau enwocaf oedd o. Mae o wedi bod efo Dire Straits ers 1981 ac wedi teithio pob cwr o'r byd. Roeddwn i'n falch iawn o'i gyfarfod ond yn eitha siŵr nad oedden ni ddim wedi gweld ein gilydd o'r blaen. Mi soniais fy mod i wedi cyfarfod un o aelodau cynnar Dire Straits ond nid y fo.

I'm sure I've seen him before,' meddai wrth Doreen Lewis.

'Wyt ti ddim wedi ei weld ar ochr bws?' gofynnodd hithau.

Fe oleuodd ei lygaid. Ar ochr un o fysus y de yr oedd o wedi fy ngweld! Roeddwn i'n teimlo fel Blakie ar *On the Buses* ers talwm — *'Oh, My God!'*

Hel meddyliau

Y cwestiwn ydwi wedi ei gael amlaf ydi pam nad ydwi wedi priodi. Mae o'n gwestiwn diddorol ac mae'n siŵr y byddwn innau'n gofyn yr un peth am rywun arall yn yr un sefyllfa. Pobol fel 'na yden ni â rhyw natur fusneslyd. Yr ateb plaen ydi mai fel 'na mae pethau wedi digwydd. Wnes i erioed fynd ati a meddwl fod yn rhaid i mi briodi. Mae'n siŵr fy mod i wedi cael mwy o gariadon na'r rhan fwyaf o ddynion. Os nad ydach chi'n priodi'n ifanc mae'n bosib canlyn llawer iawn o ferched. Yn fy ugeiniau a thridegau roeddwn i'n dipyn o foi am y genod a wnes i erioed guddio hynny.

Yn fy nhro rydwi wedi bod efo merched adnabyddus. Dwi'n cofio cyfweld cantores reit enwog un nos Wener ac fe aeth y sgwrs yn ei blaen tan nos Sul! Dro arall mi wnes i gyfarfod actores un o'r operâu sebon oedd yn cymryd rhan mewn panto un flwyddyn. Fe gawson ni dipyn o hwyl tra parodd o! Hen hogan iawn oedd hi.

Mi fydda i'n hapus iawn yn crwydro o gwmpas y wlad yng nghwmni merch. Un o 'mhrif bleserau ydi cael mynd am dro ar ddydd Sul yn y car. Pan oeddwn i'n byw yn Wrecsam mi fyddwn i'n mynd i gyfeiriad Llangollen neu Ellesmere ar y gororau. Erbyn hyn does dim gwell na chael mynd i Ben Llŷn, Capel Curig neu i gyfeiriad Y Bala. Fedra i ddim dweud fy mod i'n mwynhau dreifio pe bawn i yn mynd o le i le efo 'ngwaith ond pan nad oes dim yn galw fe fydd yn bleser cael mynd dow-dow i'r fan hyn a'r fan arall. Mae'n siŵr fy mod i'n gwybod am bob lôn fach a mawr yn Llŷn a Meirionnydd erbyn heddiw. Fe fydda i wrth fy modd yn dod ar draws ffyrdd newydd. Roeddwn i wedi sylwi lawer gwaith ar yr arwydd 'Trawsfynydd' wrth yrru o gyfeiriad Y Bala am Lanuwchllyn ond erioed wedi ei ddilyn. Un dydd Sul dyma droi trwyn y car y ffordd honno i osgoi mynd drwy Ddolgellau heb wybod beth oedd yn fy nisgwyl. Roedden ni'n teimlo ar goll i ddechrau. Wrth agor un giât ar ôl y llall roedd hi yr un fath â bod ar y lleuad cyn hir! Mi ges i ofn na fydden ni'n debyg o weld yr un pentref na thref byth wedyn. Ond fe ddaethon ni allan i'r lôn fawr rhwng Dolgellau a Thrawsfynydd yn y diwedd i weld fod 'na bobol yn dal yn fyw!

Yr unig ddrwg wrth fynd fel hyn ydi y byddwn ni'n methu dod o hyd i lefydd newydd ymhen sbel. Dyna sydd mor braf mewn cael mynd i Iwerddon i weld golygfeydd cwbwl wahanol. Mi wnes i fwynhau'r profiad o yrru car ar hyd ffyrdd yr ynys heb orfod rhuthro dim. Dydi'r ffyrdd mo'r pethau gorau gewch chi ond pa ots os nad oes brys. Mynd wrth ein pwysau wnaethon ni a stopio am baned yma ac acw a chael ymlacio'n braf. Mi fydda i'n hoff o'r wlad a'r dre ac yn cael fy nhynnu y ddwy ffordd. Does dim gwell gen i na chael treulio diwrnod i anghofio poenau'r byd ym mherfeddion gwlad, dim ond i mi wybod fy mod i'n cael mynd yn ôl i le gweddol boblog. Doeddwn i ddim yn un da am ymlacio pan oeddwn i'n iau: gwaith, gwaith, gwaith oedd hi rownd y ril. Rydwi'n well wrth fynd yn hŷn. Mae rhywun yn sylweddoli nad ydi arian mor bwysig yn y diwedd, dim ond cael digon i gael bwyd ar y bwrdd a thalu biliau. Heb iechyd dydi pres yn fawr o werth. Mae 'na gymaint o enghreifftiau o bobol â digon o arian ond yn methu cael yr iechyd i'w fwynhau.

Wrth gwrs mae rhai yn meddwl fod rhywun sy'n gweithio yn y byd yr ydwi ynddo yn ennill arian mawr ac yn byw mewn tŷ mawr. Maen nhw'n gweld hanesion carlamus yn y papurau ac yn meddwl fod perfformwyr fel fi yn ennill pentyrrau o bres. Dydi hi ddim felly ar bawb siŵr iawn. Rydwi'n ennill cyflog reit dda, fyddwn i byth yn smalio nad ydwi ddim. Ond tŷ a char digon arferol sydd gen i ac rydwi'n byw yn ddigon cyffredin. Dydwi ddim yn greadur cynnil efo 'mhres, eto rydwi reit ofalus gan fod yn rhaid bod felly. Ar gytundebau byr y mae pobol fel fi yn amlach na pheidio ac mae'n ddigon posib na fydd y gwaith ar gael yfory. Mae'n gofyn sylweddoli bod yn rhaid cadw ychydig o arian ar un ochr ar gyfer y diwrnod glawog. Rydwi wedi dysgu deall pres a phensiynau am fod yn rhaid i rywun yn fy safle i fod yn effro i bob math o newid.

Byd digon rhyfedd ydi'r byd yr ydwi'n rhan ohono. Mae 'na lawer o ragrith ynddo fo. Pan fydd rhywun yn llwyddo mae 'na ddigon yn barod i'w gicio. Mi ddysgais i hynny yn y busnes yn fuan iawn. Roeddwn i'n ddigon caled i ddygymod â hynny ac wedi dangos hynny'n agored. Fe gafodd un neu ddau dipyn o sioc pan ddangosais mai dim ond hyn a hyn y medra i gymryd cyn troi arnyn nhw. Mae'n rhaid bod yn galed yn y busnes a dysgu edrych ar ôl eich hun. Rydwi'n medru gwneud hynny heb fod yn gas efo pobol. Efallai ei bod yn well fy mod i wedi dechrau o flaen y meic pan oeddwn yn hŷn na'r rhan fwyaf. Yn sicr rydwi wedi gorfod cicio a gwthio, a brwydro'n galed, pan oedd pethau'n anodd.

Mae elfen o lwc yn yr holl fusnes. Menter oedd Jonsi

a diolch bod gan Aled Glynne ddigon o ffydd y byddai'n llwyddo er gwaetha'r holl feirniadu. O'm safbwynt i rydwi'n lwcus iawn ei fod wedi cydio er nad ydw i fy hun yn deall pam. Mynd ar yr awyr fel fi fy hun y bydda i ac rydwi'n falch iawn fod 'na wrandawyr sy'n gwerthfawrogi yr hyn ydwi'n trio'i wneud. Un fantais sydd gen i ydi fy mod i wedi dod o'r cefndir wnes i. Wedi gweithio mewn jobsus cyffredin, efo pobol gyffredin, efallai ei bod yn haws deall a thrin pobol sy'n cael yr awydd i ffonio am sgwrs. Y gwahaniaeth mawr erbyn hyn ydi mai mewn coleg y mae pawb wedi bod cyn dechrau gweithio ym myd radio. Gyda phob parch, dydi hynny ddim yn dod â chi i gysylltiad â phobol. Ond dyna'r drefn erbyn hyn ond heb swnio'n rhy hunanol mae 'na werth i weithio yng nghanol pobol o bob math cyn gwneud y math o waith yr ydw i yn ei wneud.

Wedi cael y profiad o weithio ar lein ffatri neu ar ben toeau rydwi'n sylweddoli fy mod i'n eithriadol o lwcus fy mod i'n cael gwneud yr hyn rydwi'n ei wneud. Mae 'na rai yn tueddu i gredu fod rhywun yn byw mewn rhyw fyd gwahanol am ei fod yn gweithio efo'r radio. Weithiau fe ddaw pobol ata i a gofyn: 'Wn i ddim ydach chi'n fy nghofio i?' Ydw siŵr iawn, fydda i'n ei ddweud wrthyn nhw, o'n i yn yr ysgol efo chi neu o'n i'n arfer gweithio efo chi. Ddylai rhywun ddim anghofio pobol am ei fod wedi symud i fyd y cyfryngau! Gan fod gen i go' reit dda rydwi'n i'n medru cofio wynebau heb lawer o drafferth. Dydi hi ddim mor hawdd pan ddaw'r cwestiwn: 'Wn i ddim ydach chi'n fy nghofio i'n siarad efo chi ar yr awyr?' Mae honno'n fwy o job! Beth bynnag sy'n digwydd mae'n bwysig peidio ag anghofio'r gwreiddiau a pheidio â gadael i'r holl sylw fynd i ben rhywun. Ond dydwi ddim yn fodlon trafod fy mywyd personol efo neb. Rydwi'n licio cadw fy mywyd personol yn bersonol.

Mae rhai yn gofyn weithiau pam na fyddwn i wedi dal ati efo'r bêl-droed. Does dim ateb i hynny ond dweud na ddigwyddodd o ddim. Er mai'r gêm honno oedd fy mywyd am gyfnod hir mae'n rhyfedd erbyn heddiw mai ychydig iawn o gemau fydda i'n eu gweld. Pur anamal y bydda i'n mynd i weld Bangor na Wrecsam erbyn hyn. Ffordd Farrar oedd hi bob dydd Sadwrn pan oeddwn i'n hogyn ond rydwi wedi colli brwdfrydedd y bachgen ifanc hwnnw at y gêm. Mae'r teledu wedi difetha rhywun. Gan fod cymaint o gemau ar hwnnw a'r safon mor uchel does gen i fawr o awydd mynd i weld pêl-droed yng nghanol y gwynt a'r glaw. A weithiau mi fydda i'n 'laru ar y gemau ar y teledu gan fod cymaint ohonyn nhw i'w gweld o'i gymharu â phan oeddwn i'n iau. Ond er fy mod i'n cael syrffed o bêl-droed mae'n rhaid cael golwg ar y canlyniadau bob nos Sadwrn neu yn y papur Sul i weld beth ydi hanes Bangor, Wrecsam a Nottingham Forest ac i gael y darlun cyffredinol am hynt a helynt y clybiau mawr.

Beth am y dyfodol? Mae'n rhaid bod yn hollol onest a chyfaddef mai mewn cyfnodau mae pethau'n digwydd ym myd y cyfryngau. Un munud mae un cyflwynydd yn boblogaidd ac un arall ddim. Rydwi'n ddigon agored fy meddwl i sylweddoli mai dyna fydd fy hanes innau. Mae'r busnes yn un anwadal iawn. Ond tra pery'r gwaith rydwi'n fodlon gweithio mor galed ag y medra i — chwech neu saith diwrnod yr wythnos. Dydwi ddim am wneud hynny am byth 'chwaith a fyddai'r bosus ddim yn caniatáu. Rydwi'n ddigon call i ddeall y bydd 'na Jonsi newydd rhywbryd neu'i gilydd ac y bydd y Jonsi yma yn cymryd cam yn ôl. Gobeithio y bydda i'n cael darlledu bryd hynny hefyd ond mae'n rhaid bod yn synhwyrol ynglŷn â'r busnes i gyd. Os ca i weithio o flaen y meic yn rhywle mi fydda i'n ddigon bodlon. Ond petai gwaith yn gorffen yfory mi fusawn i'n ddiolchgar am yr hyn rydwi wedi ei gael ohono, nid yn ariannol ond o ran y drysau y mae o wedi'i agor. Rydwi'n cyfri fy hun yn lwcus fy mod i wedi cael cymaint o hwyl a mynd i lefydd na fyddwn i byth wedi mynd iddyn nhw fel arall. Ac fe fyddai'r rhestr o bobol amlwg rydwi wedi eu cyfarfod ar hyd y blynyddoedd yn llawer iawn llai, a 'mywyd innau dipyn tlotach.

Petawn i'n cael un dymuniad mi fyddwn i'n barod iawn i gyfarfod ychwaneg eto. Mynd rownd y byd ydi fy uchelgais: cymryd blwyddyn i ffwrdd a gweld pob man sy'n werth ei weld o fewn yr amser. Rydwi'n teimlo o hyd nad ydwi wedi gweld digon o'r byd. Mae gan hyd yn oed gyflwynydd radio hawl i freuddwydio.